阿根廷的政治经济学

20 世纪 30 年代以来的权力与阶级

[阿根廷] 莫尼卡·佩拉尔塔-拉莫斯 (Monica Peralta-Ramos) 著

郑佩芸 李 彤 武静雯 张译文 译

上海财经大学出版社
SHANGHAI UNIVERSITY OF FINANCE & ECONOMICS PRESS
上海学术·经济学出版中心

图书在版编目(CIP)数据

阿根廷的政治经济学:20世纪30年代以来的权力与阶级/(阿根廷)莫尼卡·佩拉尔塔-拉莫斯著;郑佩芸等译.—上海:上海财经大学出版社,2024.11

书名原文:The Political Economy of Argentina:Power and Class Since 1930

ISBN 978-7-5642-4395-1/F.4395

Ⅰ.①阿… Ⅱ.①莫…②郑… Ⅲ.①政治经济学-研究-阿根廷 Ⅳ.①F178.30

中国国家版本馆CIP数据核字(2024)第105843号

□ 责任编辑 徐贝贝

□ 封面设计 张克瑶

阿根廷的政治经济学

20世纪30年代以来的权力与阶级

[阿根廷] 莫尼卡·佩拉尔塔-拉莫斯 (Monica Peralta-Ramos) 著

郑佩芸 李 彤 武静雯 张译文 译

上海财经大学出版社出版发行

(上海市中山北一路369号 邮编200083)

网 址:http://www.sufep.com

电子邮箱:webmaster@sufep.com

全国新华书店经销

苏州市越洋印刷有限公司印刷装订

2024年11月第1版 2024年11月第1次印刷

710mm×1000mm 1/16 10.25印张(插页:3) 162千字

定价:68.00元

图字:09-2024-0780 号

The Political Economy of Argentina

Power and Class Since 1930

Monica Peralta-Ramos
ISBN：9780367310318

目　录

引　言

阿根廷政治生活有两个主要特征：一是政治精英无法调和利益冲突，二是解决冲突的方式是高压统治而非协商。尽管阿根廷摆脱西班牙统治赢得独立已近 200 年，但这些特征依然存在。本书中，我认为这些特征源于经济权力争夺盛行，而非其他形式的社会矛盾。虽然从西班牙解放后的政治冲突集中在国家的机构性组织上，但其根源是争夺具有重要战略意义的经济资源控制权。实际上，要求建立中央集权政府的民众与那些力图维护各省自治的民众之间的斗争掩盖了一个更为基本的矛盾，即该国内部拒绝接受让各省屈从布宜诺斯艾利斯港经济利益的权力结构。因此，政治斗争从一开始就是由经济局势紧张所致。

本书通过分析不同阶级之间不断变化的权力关系，探讨了自 1930 年以来持续存在的以上两种显性特征。这些权力关系导致投机取代了生产性投资，通货膨胀和经济停滞蔓延。1930 年的世界经济危机标志着工业成为阿根廷经济扩张的驱动因素，但工业化进程也催生了权力关系和社会矛盾，这些问题一直困扰着阿根廷。自 20 世纪 30 年代以来，人们可以看到制度合法性危机和各阶级与阶层之间为收入分配而进行的不屈不挠的斗争反复出现。[①] 后一种斗争导致了两种截然不同的矛盾：一种是资产阶级内部农业、工业和金融阶层之间的矛盾，另一种是工人阶级和整个资产阶级之间的矛盾。

---

① 在本书中，我重点分析了资产阶级的三个主要阶层：工业、农业和金融。

本书从不同社会阶级之间权力关系的变化入手,探讨了阿根廷经济停滞和政治不稳定问题。[①] 当利益冲突的组织化程度足以改变政治环境时,就产生了明确的权力关系。本书没有对历史事件进行系统的叙述,而是通过聚焦主要权力斗争不可调和阶段的特定冲突时刻来分析阿根廷的当代历史。我还分析了各届政府实施的经济政策,以确定这些政策如何影响当时盛行的权力关系。[②] 我的分析隐含着这样一个假设,即一个社会的权力关系可以在经济、政治和文化层面上加以区分。这些关系形成了支配与服从之间一种动态的、不稳定的抗衡,这种抗衡虽然有可能导致冲突,但并不一定会发展成公开的冲突。然而,一旦公开冲突真的发生了,那么在复杂的社会角色关系网中,就会确立各种权力关系。

本书第一章分析了历届政府推行的工业化政策如何影响阶级分化和权力关系。1930 年的世界经济危机为形成有利于工业化的阶级联盟创造了条件。自 19 世纪以来占主导地位的国际分工体系不再充分发挥作用后,国内市场的重要性与日俱增,占统治地位的农业资产阶级推进适度的工业化成为最理性的选择。这部分资产阶级所支持的工业化虽然足以减少国家对部分进口制成品的依赖,但不足以改变国家以农业出口为中心的经济结构。然而,工业化进程有助于形成一种阶级联盟,其追求的发展模式与统治精英的发展模式截然相反,并且外国资本在制造业领域占据强势地位,使得资产阶级内部产生了分裂和派系,这在典型的资本主义发展模式中是不存在的。阿根廷的工业化没有从一开始就引发农业资本和工业资本之间的冲突,而是导致了工业资产阶级自身

---

① 要分析“权力之间的关系”这一概念,请参阅安东尼奥·葛兰西(Antonio Gramsci)的作品,尤其是 *Notas sabre Maquiavelo sabre politica y sobre el estado moderno*(Buenos Aires: Lautaro,1962);*Quaderni dei carcere*(Turin: lnstituto Gramsci,1975);以及 *El materialismo histórico y la filosofia de Benedetto Croce*(Mexico City: Siglo XXI,1975)。另见:Nicos Poulantzas,*Poder politico y clases sociales en el estado capitalista* (Mexico City: Siglo XXI,1973)。

② 前两章和第三章的第一部分综合并修正了一些主要假设,这些假设我已在前两部著作中提出:Monica Peralta-Ramos,*Etapas de acumulación del capital y alianzas de clase en la Argentina* (Mexico City: Siglo XXI,1972),and *Acumulacion del capital y crisis politica en la Argentina* (Mexico City: Siglo XXI,1978)。我之前曾在 Monica Peralta-Ramos 的“Toward an Analysis of the Structural Basis of Coercion in Argentina: The Behaviour of the Major Fractions of the Bourgeoisie,1976—1983”刊于 Monica Peralta-Ramos 和卡洛斯·魏斯曼(Carlos Waisman)合著的 *From Military Rule to Liberal Democracy in Argentina*(Boulder,Colo.: Westview Press,1987)一书中,发表了关于第三章第二节主题的初版。

各阶层间的对抗。此外，虽然工会一再要求参与决策过程，但实际工资的滞涨和官方不妥协的态度表明，在统治精英的发展模式中，工人阶级几乎没有任何话语权，尽管如此，工业化进程依然促进了工会会员和劳工数量的增加。

在社会矛盾日益加剧的背景下，工人阶级和中等规模的工业资产阶级都无法通过任何机构来表达他们的抗议或参与决策过程的愿望。根深蒂固的经济利益之争再次盛行，使政治制度无法从一种发展模式顺利过渡到另外一种。相反，1943 年 6 月的军事政变则促成了这一转变，这场政变在阿根廷引发了一种新的政治现象——庇隆主义。

庇隆主义代表了民族工业资产阶级和工人阶级之间的利益联盟。庇隆主义党一旦掌权，主要目标就是调和资本利益和劳工利益。1946—1955 年间，两大阶级阵营之间发生了重大冲突，并表现为两种发展模式。一方面，资产阶级中的强势阶层要求恢复适度的工业化模式，并严格控制民众需求。另一方面，通过向劳工实施收入再分配和农村收入向工业转移，政府试图强力促使民族工业加速发展。政府还缩小了外国资本对该国经济和政治生活的影响。当劳工收入再分配开始对实际利润率产生负面影响时，资产阶级中最有权势的反对派设法侵蚀了当时的权力结构。

在第二章，我探讨了 20 世纪 60 年代实施的工业化政策所带来的政治经济影响。1955 年，一场军事政变将胡安·多明戈·庇隆（Juan Domingo Perón）和庇隆主义赶下台后，势力较强的农业和工业利益集团重获政治权力，但两者没有发生明显的一方压倒另一方。事实上，当权阶级联盟内部的残酷斗争是这一时期的一个显著特征。一方面，庞大的农业资产阶级设法重启 20 世纪 30 年代的适度工业发展模式；另一方面，工业资产阶级中的强势阶层则试图强制推行一种工业发展模式，其特点是资本更为密集的阶层引领，以及在国家强力干预下将技术和外资引入制造业。每种模式均涉及向支持该模式的资产阶级阶层提供特殊优惠政策，这就意味着收入从一个阶层转向了另一个阶层。

1966 年的另一场军事政变后，由工业资产阶级中最强势阶层支持的发展模式占据上风，尽管该模式保留了农业阶层的否决权。这种发展模式的特点是，由资本更为密集的阶层引领，高度依赖进口技术，由此促使进口大幅增长，并导致外债增加。与此同时，进口前景与农业出口创汇密切相关，这使得工业阶层越发依赖农业阶层。这种情况反过来又赋予了农业阶层所需的权力，使其能够在海外市场出现危机时，可要求出台一系列有利于农业活动的收入转移政策。因此，这种发展模式产生了一个有争议的悖论：随着资产阶级各主要阶层之间的矛盾日益加剧，资本积累不断扩大。

庇隆主义政府垮台后的那段时期的另一个重要特征是，曾经作为这一政治运动支柱的联盟解体了。于是民族工业资产阶级开始寻求其他盟友和政治渠道，同时，国内资本日益依赖国外资本，两者不再对立。尽管庇隆主义党是反对派，但其阶级内容发生了实质性的变化，它不再是阶级联盟的体现，而是代表了劳工运动的政治经济利益。

这种新的发展模式建立在日益紧缩的工资政策以及多元化的劳动力市场之上，最终导致工人阶级逐渐分层。这种分层影响了各工会的谈判能力，并引发了该时期的一个特有现象：工会精英的分化。此外，工会领导人丧失了工资谈判权，并屈从 1966 年军事政变领导者的政治目标，这使得普通工人对工会领导人的反对情绪日益高涨。

有效政党代表缺失、庇隆主义受到政治打压，以及军事干预不断，在这种危机四伏的政治背景下，出现了越来越多的劳工运动，来争取更高的工资和更大的决策权。于是政党和工会不再起到社会冲突表达渠道的作用，高压统治逐渐开始占据主导地位，成为解决冲突的唯一方法。暴力席卷了全国，到 20 世纪 60 年代末，全国陷入了大规模暴力冲突和游击战的困境。广大中产阶级和工人阶级强烈表达了对当权政府的不满，在这场政治危机中，庇隆主义获得了新的意义，因为它汇聚了震撼全国的阶级斗争力量。在新型社会冲突内在化过程中，庇隆主义党悲惨地分裂为两个派系：一方是被军政府收买的工会官僚，他们试图控制庇隆主义运动，使其为大工业和权贵阶层的利益服务；另一方则是好斗的革命派，他们以模糊的社会主义计划吸引了庇隆主义党的基层群众。这场冲突引发了一场新的军事政变，人们开始寻求一种基于共识的“制度化”，支持包含庇隆主义的有条件的政治解决方案。

第三章追溯了阿根廷政治危机的演变过程和各届政府的应对措施。他们所实施的政策非但没有解决政治危机，反而为一种新的社会现象——国家恐怖主义埋下了祸根。1973 年，庇隆主义党再次执政，尽管他们提出恢复 1946—1955 年的分配主义发展模式，并赢得了 1973 年的选举，但他们在执政后无力扭转当时的工业发展模式。在这届庇隆主义政府的短暂任期内，社会冲突不断涌现，这表明重建最初构成庇隆主义的阶级联盟不可能实现。

最初，这一时期的经济政策得到了所有商业组织的支持，并由代表民族资产阶级的组织负责执行。然而，这些政策很快就被最强大的工业利益集团掌控，当经济政策似乎只为某些工业阶层带来利益时，便遭到了所有商业阶层的反对。此外，当权者非但没有实现先前对工薪阶层进行收入再分配的承诺，反而试图控制工人的诉求。工会精英逐渐失去对劳动力市场的控制，再加上他们在决策过程和庇隆主义内部斗争中所扮演的角色，都加剧了基层群众对工会领导的反对。如果在 1973 年选举前导致国家分裂的社会矛盾在庇隆主义内部运动中以暴力形式凸显，那么大选后这些社会矛盾会导致政府内部的分裂。

在急于化解这种普遍存在的对立情绪以维护自身利益的过程中，庇隆党右翼毫不犹豫地违背了 1973 年自由选举所确立的制度合法性，执政党逐渐在各种场合利用国家机构，违背文明社会最基本的价值观。高压统治不仅打压了对共识的追求，而且也使国家和制度体系的道德尊严荡然无存。这些暴行为 1976 年的军事政变埋下了种子。

1976 年的军事政变标志着阿根廷政治史开启了一个新时代。如今，当时新政权的政策被称为国家恐怖主义。由于新领导人垄断权力而免罚，武装部队组织了一个秘密机构，旨在消灭所有被视为西方基督教文明的公敌。这种有组织的集体犯罪表明，阿根廷社会主流价值观已经到了分崩离析的程度。制度体系公信力的丧失不再只是左翼反对派的遗留问题，有组织的国家恐怖主义表明，公信力丧失的现象已蔓延到统治阶级自身。

这次军事政变的另一个显著特点是，试图修改现行的经济规则，以结束现有的社会冲突。政府假装协调农业和工业阶层的发展，实际上却要剥夺工业阶层的特权，恢复农业阶层失去的部分经济权力。为防止这两个阶层此后发生冲突，军方增强了金融资本的力量，并推动各大资本领域的龙头组织合并为经济集团。经济政策还旨在通过大幅降低实际工资和提高工人生产力来增加企业利润。

政府原本打算终止向企业发放补助，却遭到了最具影响力企业的公开挑战。股票囤积、短缺品投机和工业品黑市交易现象泛滥，扰乱了政府对通货膨胀的控制。官方试图巩固金融资本的力量，但最终催生了实力强大的经济集团，这些集团为争夺收入而展开了激烈的斗争。

一个由经济集团构成的核心中枢应运而生，这些集团能够重新确立并维持其之前享有的特权。此外，随着资本日益集中，这些集团具备了更大的能力去动摇政府的官方政策。因此，到 20 世纪 80 年代初，这些集团之间的对抗已经无处不在，争夺大量流向金融部门的资金份额已经成为国家政治生活的重点。在金融市场上，暴力投机取代了生产性投资，加上政府为干预经济集团之间纷争的结果而采取的政策，导致外债激增，这种现象产生了巨大影响。

1982 年，普通阶层的诉求不断增加，促使武装部队开始了新的冒险。军队入侵马尔维纳斯群岛，希望通过吞并这块历史上一直由阿根廷宣称拥有的领土，把国家团结起来，确保官方政策得到国民的普遍支持。然而，军方在马尔维纳斯群岛战争中的失利反而加剧了权力精英的统治危机。在战败后的几个月里，为了缓和商业阶层的对立情绪，政府对他们提出的诉求做出了让步，国家承担了大量的私人债务。然而，私人债务的这种“社会化”并没有终止投机或资本外逃现象。为了缓和社会的紧张局势，军方宣布将于 1983 年举行大选。

在第四章中，我探讨了在 1983 年民主选举中获胜的激进党政府的经济政策。庇隆主义党史上首次在自由选举中落败，一个主要代表阿根廷社会中产阶级的政党掌握了政权。右翼在庇隆主义党内部占据了主导地位，他们使用暴力来确保对政党组织的控制，并与军方开展公开对话，这些都预示了庇隆主义党的败选。新的激进党政府面临着巨大的挑战：首先，它必须为充斥着国家恐怖主义的政治体制恢复公信力。其次，由于巨额外债，国家可用的资源急剧减少，因此越来越难以满足各方的诉求，也难以继续对农业和工业部门实行交替补贴的传统模式。资源匮乏将加剧现有的社会冲突。

新的情况影响了阿根廷的经济运行模式，继而影响了激进党政府的经济管理政策。正如我在第二章和第三章中将要讨论的那样，1976 年军事政变前，外债的演变与贸易平衡的波动直接相关，这种波动是 20 世纪 50 年代末开始采用的工业发展模式所固有的。然而，1976 年军政府体制下的经济管理政策导致外债大幅增长，当时国际金融市场利率因 20 世纪 70 年代的第二次石油冲击而大幅上升。因此，1976 年以后，外债不再是贸易赤字的结果，而是阿根廷经济异常运转的决定性因素。此外，偿债负担严重影响了财政收支。逐渐地，政府财政越来越依赖外汇，财政赤字问题变得几乎无法控制。最终，境外资产在私营部门的金融财富中占了相当大的比重，外汇黑市投机成为常态。所有这些现象都严重限制了经济政策的选择，特别是在外汇、金融和财政融资方面。此外，这不仅助长了资本与劳动力之间，也助长了资产阶级主要阶层之间争夺财政收入的风气。

外债负担严重限制了补贴流动，彻底改变了国家的角色，从而加剧了这场斗争。政府试图重组工业，但是遭到了国内众多利益集团的强大阻碍，根本无法控制。因此，激进党政府仍然受制于力量最集中的工业集团的强大压力，这些集团最终成功地强行实施了自己的计划。对这些经济利益集团让步的部分代价是普通阶层的生活水平下降，不可避免地，政府公信力急剧下降，而 1983 年投票给激进党的广大社会阶层的反抗情绪则日益高涨，这些都成了政治代价。

第五章重点介绍了激进党政府面临的两大挑战：与工会达成的协议以及军事政变持续的威胁。激进党政府执政期间的特点是包容冲突和言论自由，这在阿根廷当代历史上并不多见。普通阶层主要是通过现有的机构性的渠道对一再违背承诺的经济管理者表达不满。然而，政府未能与劳工运动达成协议，以缓解社会抗议。庇隆主义党在 1983 年选举失败后的分裂、其联盟的不稳定性，以及工会严重分裂，使得政府更难在劳工运动中找到有效的沟通对象。然而，经济政策是工会和政府之间和谐关系破裂的主要原因。

政府要想稳定，所面临的主要挑战是来自主要经济集团之间的霸权争夺，以及武装部队维护前军事政权期间所采取的行动立场。从一开始，民政当局与军方之间的关系就急需改变。竞选期间，激进党承诺，对在前军事政权期间被指控侵犯人权的武装部队成员启动司法程序，而且政府与军方的关系将围绕该承诺展开。激进党政府起诉军方的战略基础是，寻找一个法律标准来界定军方指挥体系内部的职责，并在某种程度上为据称奉命行事但仍在服役的下级军官开脱罪责。因此，政府既要奉行其一直强调的行动指南的道德标准，同时在政治上又必须拉拢军方以防止其发动政变，这之间存在着一种无法解决的两难境地。

在前军事政权期间，特遣部队的组织方式导致各级指挥层都以这样或那样的方式卷入了侵犯人权的行为。那么，怎样才能找到一种法律标准，既能赦免那些侵犯人权的人，又能挽救司法系统和官方言论本身的公信力呢？激进党政府在针对军方的政策方面遭受了一系列挫折。行政政策不仅未能阻止令人恐惧的军事起义，而且即便有相反的证据，最终还是赦免了那些卷入令人发指、广受谴责的侵犯人权事件的人。

第六章分析了激进党政府垮台和新庇隆主义政府建立，并强调了前军事政权遗留下来的经济状况对政治稳定的影响。激进党政府最后阶段的经济政策清楚地表明了决定国家经济运作的新情况所带来的社会影响。经济的“美元化”、随后的汇率投机增长以及资本外逃共同将国内利率一直控制在经济衰退和金融投机的水平之上。外汇短缺，加上 1989 年 5 月总统选举结果的不确定性，加剧了主要经济集团之间对经济和政治权力的篡夺。这场争斗导致激进党政府几近垮台，主要外汇持有者，特别是出口部门，在这场动荡中发挥了关键作用。

庇隆主义党赢得 1989 年总统选举后，一个与出口业务相关的强大经济集团成功提名了一名执行董事担任新政府的经济部长。该集团试图将一种霸权性质的发展模式强加于所有其他企业，工业结构调整和补助分配规则的改变再次成为争论的焦点。这一计划的夭折再次表明，阿根廷精英们无法在利益调解的基础上达成共识，更不用说意识形态达成一致了。

1989 年上台的庇隆主义政府从一开始就被打上了内阁内斗的烙印，权力争斗动摇了各种经济团体，内阁中逐渐出现无政府状态。迫使收入向不同阶层转移的斗争成了家常便饭，经济因反复失控的通货膨胀而瓦解。随之产生的是中产阶级和城市贫困阶层都迅速变穷，与以往不同的是，阿根廷逐渐出现了一种新的社会现实：庞大的城市阶层被排除在消费群体之外，也享受不到民主的好处。

激进党执政末期，由于通货膨胀失控和饥饿问题，社会最贫困的阶层暴力闯入了政治舞台，抢劫商店寻找食物。竞选期间，这些社会阶层是庇隆主义党候选人承诺的主要对象，他们为其在选举中获胜做出了决定性贡献。然而，庇隆主义重新掌权后，再次忽视了其努力改善就业、实现公平分配和社会正义的承诺。此外，庇隆主义党的传统政敌在内阁和政府要职中占了上风，庇隆主义的忠诚支持者则成为弃儿。于是出现了一个悖论：庇隆主义政府赢得了社会最贫困阶层的大力支持后，却成为该国最强大的经济集团施加压力的传声筒。

同样，庇隆主义政府也无力遏制军方的要求。上台 6 个月后，政府就批准了一项新的大赦令，不仅适用于因侵犯人权仍被起诉的军官，还适用于所有参加反对激进党政府而叛乱的军人、对马岛战争负有责任的军官，以及因抢劫货币兑换所而被联邦警察监禁的军官。民主选举产生的政府再次开创了公民在法律面前不平等的先例。阿根廷如今的现实是：背弃承诺、官方话语中存在双重标准、政治和司法机构丧失公信力、腐败猖獗、工会分裂加剧、迅速贫困化以及城市重要阶层的边缘化。导致社会动荡和崩溃的因素变得越来越明显，形势非常危急。

第一章

阿根廷工业发展的起源

工业发展阶段

1930年之前,阿根廷的工业发展与经济的普遍扩张一直齐头并进,甚至起到了支撑作用,但从未支配过经济发展。也就是说,工业从未发挥过引领作用。阿根廷工业的增长是基于农产品(农作物和畜产品)出口的发展和国内贸易的扩大,国内贸易则依赖于进口资本和劳动力的投入。

20世纪前30年,食品、服装、木材和制革业在工业积累的总价值中占主导地位,这清楚地表明了这几十年制造业的简单结构。直到20世纪30年代,非耐用消费品的产量才占工业生产的一半以上。此外,消费品进口占总消费的13%,机械设备进口占该领域总投资的35%。最终,非耐用消费品的进口成为该时期阿根廷进口总额的重要组成部分。

1930年的国际危机标志着阿根廷经济发展进入了新时期,这一时期工业发挥了积极作用。由于交易条件恶化,农产品价格骤降,对农业活动造成了不利影响。此外,外汇管制和货币贬值保护了国内工业,无意中导致收入从农业阶层转移到工业阶层。这些现象及随之相伴的一系列政治事件(将在后面讨论),

导致统治精英们转变了对工业化进程的态度。

资本积累的演变

阿根廷工业化的一个显著特点是，用本国制造的产品替代进口品。据估计，从20世纪30年代初到60年代初，90%的制造业增长源于制成品总供应量中进口系数的下降。1925—1929年间，商品进口约占国民生产总值的25%，1957—1961年，这一比例已降至8%。①

这一工业化分为两个截然不同的阶段。分析1930—1960年制造业结构的演变可以发现，在1925—1929年和1948—1950年之间，纺织品、食品和饮料占工业净产值的45%，冶金行业占工业增长的22%。这一比例随后发生了逆转。1948—1950年和1959—1961年之间，冶金行业的比例扩大至占工业总增长的57%，纺织和食品行业仅占9%。与这种差异化发展相一致的是，直到20世纪50年代初，替代最多的进口商品是纺织品和食品，之后则是冶金行业。②

从资本积累的角度来看，如果把资本存量的增长作为不变资本增长的指标(部分指标，因为它只考虑固定资本)，把工业就业率的增长作为可变资本增长的指标，那么可以发现，1935—1945年以及1946—1955年，资本有机构成(社会中的资本构成)相对稳定(见表1.1)。因此，在这些时期，工业化是以劳动力越来越多地融入生产过程为基础的，从全球范围来看，资本剥削劳动力的主要形式是榨取绝对剩余价值。1956—1961年，情况恰恰相反：工业化以资本有机构成的大幅增加为基础。不变资本的增长超过了可变资本的增长，提高劳动生产率成为工业化向前发展的主要因素。这一变化表明，在全球范围内，榨取相对而不是绝对剩余价值才是这些年资本剥削劳动力的主要形式。

---

① Carlos F. Diaz Alejandro, *Essays on the Economic History of the Argentine Republic* (New Heaven: Yale University Press, 1970).

② 同上。

表 1.1　工业资本存量和就业劳动力的年累计增长率(百分比)　单位:%

	1935—1945 年	1946—1955 年	1956—1961 年
资本存量	3.7	1.8	9.8
就业劳动力	3.4	2.9	0.4

资料来源:基于维克托・伊莱亚斯(Victor Elias)《1935—1963 年阿根廷制造业的附加值、资本和劳动力估算》(1969 年芝加哥大学博士论文)中的资本存量指数(基数:1960＝100)所得出的资本存量。就业劳动力:(1)1935—1945 年,基于米格尔・穆尔米斯(Miguel Murmis)和胡安・卡洛斯・波坦蒂略(Juan Carlos Portantiero),载于 *Estudios sobre los origenes del peronismo*(Buenos Aires: Siglo XXI,1972)中的文章"El movimiento obrero en los origenes del peronismo"中的工业就业指数(基数:1929＝100);(2)1946—1961 年,根据国家经济发展委员会(Consejo Nacional de Desarrollo Economico,CONADE)(未出版,由该机构友情提供)对工业就业人数的估算得出。

如果将纺织业或食品业的生产过程与冶金业的生产过程进行比较,就会发现,一般而言,后者比前两者的资本密集型程度更高。因此,冶金业在工业化的第二阶段发挥了更为积极的作用,这也就不足为奇了。此外,如果比较不同工业部门之间资本存量增长的演变情况,可以发现,尽管纺织业和食品业引领了工业发展,并且是进口替代更为集中的领域,但它们的资本存量增长率有所下降(见表 1.2)。因此,我们可以得出结论,在工业化第一阶段,这些行业的发展是建立在广泛使用劳动力的基础之上的。

表 1.2　1935—1961 年不同工业部门的资本存量年累计增长率　单位:%

	1935—1945 年	1946—1955 年	1956—1961 年
食品及饮料	2.1	−1.2	9.1
烟草	2.8	1.1	4.3
纺织	12.0	1.8	6.9
木材	6.2	−6.1	5.7
纸张	5.0	6.1	11.7
印刷和出版	−1.6	−1.2	7.9
化工产品	9.0	5.2	7.1
石油及衍生品	−3.9	4.7	17.3
橡胶	9.9	8.8	10.3
皮革	4.5	−1.8	7.1

续表

	1935—1945年	1946—1955年	1956—1961年
玻璃、水泥、大理石和花岗岩	6.5	−1.2	3.1
金属	7.0	9.0	10.9
车辆和机械装置	−0.3	2.3	12.5
电机和电器	12.8	8.5	16.0
其他	1.5	−4.1	4.8
制造业合计	3.7	1.8	9.8

资料来源：Victor Elias，"Estimates of Value Added，Capital and Labor in Argentine Manufacture，1935—1963"（Ph. d. dissertation，University of Chicago，1969）。

从20世纪50年代中期开始，所有工业部门的资本存量都大幅增长。与此同时，该时期注册的劳动力就业人数急剧下降，这表明所有工业部门的资本有机构成都出现了重要的增长。这种现象在生产耐用消费品、半成品和资本货物的领域尤为明显。随着资本有机构成的增长，工业吸纳劳动力的能力变得越发有限。尽管所有工业部门都存在这一现象，但食品行业的情况尤为严重，大量员工被解雇（见表1.3）。

表1.3　1946—1961年制造业领域劳动力就业年累计增长率　单位：%

	1946—1950年	1950—1955年	1950—1961年
动态产业*	8.8	4.5	2.8
冶金业	10.9	5.8	3.8
停滞产业*	2.1	−0.7	−2.2
食品和饮料	4.4	0.9	−1.2
制造业合计	4.8	1.5	0.4

* 所谓"停滞产业"是指被CONADE-CEPAL划分为"发达"的产业，参见：*Distribucion del ingreso y cuentas nacionales en la Argentina*（Buenos Aires，1965）；所谓"动态产业"是指本报告认为"发展中"的产业。

资料来源：根据CONADE对1946—1961年工业就业情况的估算（未公布，由该机构提供）。

工业利润率的演变

资本报酬(利润、利息、租金和年金的总和)可以视为衡量利润总额的指标,1944 年之前,阿根廷的资本报酬略有上升(见表 1.4),但在 1944—1954 年间急剧下降,从 1944 年占净收入的 55.2%下降到 1954 年的 42.3%。1954 年后,这一比例逐渐回升,到 1962 年,又恢复到 1944 年的水平。相比之下,1944—1954 年,劳动报酬(工人的计件工资、薪金和福利的总和)在收入中所占的份额大幅增加,然后逐渐下降。

表 1.4　1935—1963 年制造业的剩余价值率以及劳动报酬和资本报酬在总收入(按要素成本计算)中所占的份额(百分比)

单位:%

年份	劳动报酬 (1)	资本报酬 (2)	剩余价值 (3)
1935	46.8	53.2	113.5
1938	46.6	53.4	114.5
1941	45.3	54.7	121.0
1944	44.8	55.2	123.5
1947	46.6	53.4	114.5
1950	56.7	43.3	76.5
1951	54.5	45.5	83.5
1952	57.5	42.5	74.0
1953	56.4	43.6	77.5
1954	57.7	42.3	73.5
1955	52.0	48.0	92.5
1956	52.5	47.5	90.0
1957	53.5	46.5	87.0
1958	49.8	50.2	101.0
1959	45.5	54.4	119.5
1960	47.5	52.5	111.0
1961	45.1	54.9	122.0
1962	44.5	55.5*	124.5

续表

年份	劳动报酬 (1)	资本报酬 (2)	剩余价值 (3)
1963	45.1	54.9*	122.0

注：(1)包括薪金、计件工资和福利的总和。

(2)包括所有权报酬，即利润、利息、租金和年金的总和。不包括资本折旧。

(3)资本报酬与劳动报酬之比。

* 由于无法获得这些年的数据，故根据估计的折旧进行计算。

资料来源：Guido di Tella and Manual Zymelman，*Las etapas del desarrollo economico argentino*(Buenos Aires：EUDEBA，1967)，p. 119. 1950 年之后，计算依据 CONADE-CEPA (国家经济发展委员会——拉美经委会)的数据，*Distribucion del ingreso y cuentas nacionales en la Argentina*(Buenos Aires，1965)，2:48。

以资本报酬除以劳动报酬之比作为剩余价值率的指标，表 1.4 显示，阿根廷的剩余价值率在 1944 年前逐渐上升，随后大幅下降，尽管出现了一系列波动，但在 1954 年前一直保持在较低水平。在 20 世纪 60 年代，该比率最终恢复到了 20 世纪 40 年代初的水平。

从工业利润率演变的角度来看，这些趋势有何意义？如果分析一下剩余价值率、不变资本率和可变资本率(见表 1.5)的演变情况，就可以得出这样的结论：从一个工业化阶段到另一个工业化阶段的转变，是将工业利润率必须提高到足以满足资本积累所需水平而产生的结果。①

表 1.5　1935—1963 年不变资本(CC)、可变资本(VC)和剩余价值率(P')的年累计增长率

单位：%

	1935—1944 年	1946—1954 年	1955—1963 年
CC1	3.2	1.9	10.6

① 1935—1944 年间，不变资本增长了 35%，可变资本增长了 37%，剩余价值率增长了 8.8%。因此，我们可以得出结论，因为可变资本与总资本的比率与剩余价值率的变化方向相同，所以利润率在这一时期的增长比例大于剩余价值率。随着利润地位的提升，利润总量也在增加。从 1946 年到 1954 年，不变资本增长了 16%，可变资本增长了 39.5%，但剩余价值下降了 59%。因此，我们可以得出结论，尽管利润率下降的比例小于剩余价值率的下降比例，但由于可变资本占总资本的比例与剩余价值率成反比，尽管比例较小，利润率仍然下降了。最后，在 1955—1963 年间，不变资本中的固定资本增加了 124%，而不变资本中的流通资本增加了 25.5%。可变资本下降了 4.2%，剩余价值增长了 32%。因此可以得出结论，尽管剩余价值率有所增长，但利润率下降了，因为可变资本占总资本的比例与剩余价值率成反比，而且比例更大。另一方面，在工业利润率下降的同时，利润总额却在增加。

续表

	1935—1944年	1946—1954年	1955—1963年
CC2			2.8
VC	3.4	4.1	−0.4
P'	0.9	−5.9	3.0

资料来源：除以下详述项目外，来源同表1.4。

CC1：固定资本占不变资本(CC)的比例。基于维克托・伊莱亚斯，"Estimates of Value Added, Capital and Labor in Argentine Manufacture, 1935—1963"，资本存量指数的计算(1969年芝加哥大学博士论文)，pp. 76—79.

CC2：原材料或流动资本占不变资本总额的比例。仅有1955—1963年间的数据。

VC：可变资本。计算基于(1935—1944年)米格尔・穆尔米斯和胡安・卡洛斯・波坦蒂略的"El movimiento obrero en los origenes del peronismo," in *Estudios sobre los origenes del peronismo*(Buenos Aires: Siglo XXI, 1972)中的工业劳动力就业指数；(1946—1954), Diaz Alejandro, *Etapas de la industrializacion Argentina*(Buenos Aires: Instituto Torcuato di Tella, Centro de Investigaciones Economicas, September 1965)；(1955—1963) CONADE-CEPAL, *Distribucion del ingreso y cuentas nacionales en la Argentina*(Buenos Aires, 1965)。

P'：1946年的剩余价值是根据CEPAL, *El Desarrollo economico y la distribucion del ingreso en la Argentina* 中按要素成本计算的行业收入中劳动比例的演变估算，1968，第116页，以及1935—1963年间劳动比例与P'的变化。

1946—1955年，在庇隆主义政府实行收入再分配政策的同时，剩余价值率、利润总额和利润率大幅下降。为了提高利润率和剩余价值率，必须用资本代替劳动力，即增加资本的有机构成。在第一阶段，庇隆主义政府鼓励的收入再分配极大地刺激了资本的积累，因为收入再分配极大地拓展了国内市场。然而，在第二阶段，它对利润率产生了负面影响，从而限制了由庇隆主义构成的阶级联盟继续掌权的前景。此外，提高资本有机构成的需求标志着工业化新阶段的开始，在这一新阶段，资本密集型程度更高、社会劳工组织更复杂的行业在经济发展中占据了主导地位。

资本积累及直接外国投资

阿根廷工业化从一个阶段向另一个阶段过渡也受到了某些外部因素的影响。进入20世纪后，外国投资额不断增加，到1910年已占国民生产总值的25%。当时，65.4%的长期投资来自英国，投资主要用于铁路建设和购买公共证券。然而，从第一次世界大战开始，外国投资急剧下降，从1913年占国民生产总值的22%降至次年的10%，此后持续下降。这一变化与投资资本来源国以及资本流向的转变相吻合。① 即使在1913年，英国的投资也占阿根廷外国投资总额的59.3%，但到了1927年，这一比例降至24%。但其他国家的投资增加了，其中，美国投资额居首位，到1931年已占外国投资总额的20%。

与此同时，外国投资方向也发生了重大变化。投资方向变得多样化，开始减少公共证券和铁路证券的投资，而增加了进出口贸易、银行和工业的投资。就工业而言，外资优先流入屠宰加工厂和其他食品业领域。1929年的世界经济危机只是加剧了外国资本的来源和方向的变化。

图1.1 胡安·庇隆(1895—1974年),1946—1955年、1973—1974年期间担任阿根廷总统

从第一次世界大战到20世纪50年代中期，外国投资的数量无足轻重，但从性质来看，这些投资的影响非常大，因为在工业化引领阿根廷经济发展时期，

① G. Di Tella and M. Zymelman, *Las etapas del desarrollo económico argentino* (Buenos Aires: Eudeba, 1967), and O. Altimir, A. Santamaria, and J. Sourrouille, "Los instrumentos de promoción industrial en la posguerra," *Desarrollo económico* 27 (1967), pp. 368—369, 372—373.

外国投资的方向发生了变化。

庇隆主义政府时期(1946—1955年),外方的新投资很少,这在很大程度上是由于政府推行的民族主义政策。这一政策对外资设置了一系列限制,其中包括禁止将收入汇回本国,外企的国有化也为外方的新投资造成了不利的环境。然而,在庇隆主义政府执政的最后几年,针对外资的政策发生了变化,1953年的一项法律首次赋予了外国投资明确的法律地位,并允许流动利润汇回本国,上限为注册资本的8%。然而,国家继续选择控制投资,所以外国投资的障碍依然存在。

庇隆主义政府被推翻后,外资开始大量涌入阿根廷,这些新投资巩固了上述趋势。在1955—1963年获准的外国投资中,约90%投向了更具活力的工业部门,其余10%分散在农业、基础设施和传统工业部门。据估计,这一时期总投资的50%～55%被用于资本货物的生产。[①] 美国资本占这一时期外国总投资的56%,英国和瑞士资本各占8%,德国、意大利和荷兰资本各占6%。1963年,美国在制造业的投资占美国在阿根廷投资总额的61%[②],外资流向资本密集型工业部门的趋势对资本积累的结构产生了重大影响。

各阶级和阶层之间权力关系的变化

农业资产阶级的分裂

1930年的世界经济危机标志着这一时期工业开始成为阿根廷经济扩张的新动力。正如米格尔·穆尔米斯和胡安·卡洛斯·波坦蒂略明确指出的那样,这场危机为形成有利于工业化的阶级联盟创造了必要的结构性条件。[③] 像阿根廷这样大量出口原材料的国家,“有限的工业增长不一定会损害整个农业群体,

---

① Altimir, Santamaria, and Sourrouille, “Instrumentos de promoción industrial,” and David Felix, *Industrialización sustitutiva de importaciones y exportación industrial en la Argentina* (Buenos Aires: Instituto Torcuato di Tella, Centro de Investigaciones Economicas, 1968).

② Business International, *Argentina Today: Conditions and Prospects for Profit* (n. p., 1966), p. 10.

③ Miguel Murmis and Juan Carlos Portantiero, *Estudios sobre los origines del peronismo* (Buenos Aires: Siglo XXI, 1971).

特别是当传统的劳动分工模式不再充分发挥作用时”①。发达国家实行的权力保护主义严重限制了不发达国家通过扩大国外市场份额进行经济扩张的机会。因此,国内市场变得越发重要。对于在阿根廷占主导地位的农业资产阶级而言,将进口限制在出口所能达到的水平是最合理的选择。有限的工业化,即足以减少制成品进口但不足以改变以农业出口为中心的国家经济结构的工业化,远没有损害这一群体的经济利益,而是对新的国际经济状况做出了最适当的反应。

当时,农业资产阶级主要分为两大群体。实力较强的群体由与外贸和外资直接相关的禽畜育肥者组成,配种养殖者则是较为弱势的群体。后者在经济上依赖于前者,而前者的特权地位源于他们拥有冬夏两季的优质牧场②,这意味着他们可以为屠宰加工厂提供全年不间断的肉类供应。对于后者而言,前者是不可或缺的中间商,因为他们购买并育肥后者的禽畜,然后卖给屠宰加工厂。肉类加工技术的发展是造成农业资产阶级内部分裂的原因之一。1910 年左右,销售冷藏肉成为一种可能,冷藏肉比冷冻肉更好。20 世纪 20 年代,冷藏肉的出口量超过了冷冻肉。冷藏肉必须在屠宰后 45 天内食用,这需要持续供应,而非像冷冻肉那样仅仅是季节性供应。育肥者拥有比配种养殖者更优质的土地,这使他们能够从肉类加工和国外需求的变化中获利,并因此获得了与英国的贸易垄断权。

1932 年,在加拿大渥太华举行的帝国经济会议上,英国对英联邦以外国家的进口配额做出了一系列限制规定。这严重损害了向英国出口的牧场主,即育肥者的利益。由于害怕失去自己的主要市场,育肥者说服了政府精英于 1933 年签署了所谓的《罗卡·伦西曼条约》(Roca Runciman Agreement)及其《补充协议》,以保证他们能够获得较低但更稳定的冷藏肉类出口配额。这笔交易的代价是阿根廷向英国做出了巨大让步,其中包括承诺善待英国投资,不对煤炭和其他原产于英国的进口商品征收关税,也不提高现有的进口关税。阿根廷出口到英国的肉类中,85%由英国屠宰加工厂控制,只有 15%由阿根廷屠宰加工

---

① Miguel Murmis and Juan Carlos Portantiero, *Estudios sobre los origines del peronismo* (Buenos Aires: Siglo XXI, 1971), p. 55. 英文译文均为作者所译。

② Horacio C. Giberti, *Historia economica de la ganaderia argentina* (Buenos Aires: Hachette, 1961), and *El desarrollo agrario argentino* (Buenos Aires: Eudeba, 1964).

厂实现商业化,且前提是国有屠宰加工厂不被剥夺权力。此外,只有英国才能运输这些肉类。该条约于1936年修订,但并未大幅修改对英国做出的让步。

因此,可以得出这样的结论:政府中的保守派精英在与英国谈判时的一个主要目标是,满足农业资产阶级中更有实力的那个群体的要求,他们拥有足够的政治影响力,可以通过政策让步来确保自己享有特权经济地位。然而,一旦保证了其出口业务的配额,该群体就会支持一项旨在发展国内某些行业的经济计划[①],该计划也得到阿根廷工业联盟(AIU)的支持,该联盟是一个代表工业资产阶级利益的重要商业组织。

工业资产阶级的构成

一些作者坚持认为,至少在第二次世界大战结束之前,阿根廷工业资产阶级内部并没有出现重要的分裂。此外,还有人认为,即便存在这种分裂,中小型行业也没有力量与大资本的霸权相抗衡,因为大资本与外国资本有联系,并通过阿根廷工业联盟以团体法人的形式代表阿根廷。然而,直到20世纪30年代中期,工业集中程度的重要性和外国资本对阿根廷工业的渗透表明,工业资产阶级存在相当大的分化。1935年的人口普查显示,超过50%的工业掌握在外国人手中,这是外资渗透的一个例证。[②]

1937年前,平均每家大型工厂雇用的工人数量和55家小型工厂一样多,生产的产品则和145家小型工厂一样多。因此,大工厂工人的平均产量几乎是小工厂的3倍。手工艺品贸易商店的数量非常可观,拥有10名或以下工人或没有拿固定工资工人的企业约占这类企业总数的85%,所谓的小企业(雇用50名以下工人)占总数的11.6%。因此,这一时期96%的制造业企业是手工艺品贸易商店以及小型工厂,这些企业雇用的工人占工业雇用工人总数的39%。因此,3.4%的工业公司雇用了61%的工业劳动力,其中37.5%的工人受雇于1.5%的大型企业(拥有200名以上的工人)。

如果按产值观察企业的百分比分布,我们就会发现57.6%的总产值是由1.4%的企业创造的,这意味着98.6%的企业只创造了42.4%的工业总产值。

① Murmis and Portantiero, *Estudios sobre los origines del peronismo*.

② Adolfo Dorfman, *Evolución industrial argentina* (Buenos Aires: Losada, 1942), p. 301.

更重要的是，在这近98%的企业中，90%是家庭所有或接近家庭所有的商店、半制造或小型制造企业，它们总共占阿根廷产值的16%。①

由此可见，在20世纪30年代，工商业界内部出现了严重的分裂。相对少量的企业雇用了一半以上的就业劳动力，而90%以上的企业仅创造了42.4%的工业产值，雇用了近40%的工业劳动力。这些数字不仅表明工业资产阶级中的一小部分人强有力地控制了生产过程，而且工业资产阶级中的大多数人是中小型公司的所有者。作为一个群体，这一小部分人控制着很大一部分的工业产出。

阿根廷工业联盟基本上代表大型制造企业。为什么该联盟提出的工业化模式没有超越局限于非耐用消费品替代的工业化呢？因为这些企业与外国资本有关联，而非耐用消费品替代是一项符合外国资本利益的政策。对外贸易提高了国内贸易对在该国建立的外国资本的重要性，但另一方面，局限于非耐用消费品替代的工业化并没有给工业化国家带来最终失去市场的危险，因为这些国家越来越倾向于出口资本、半成品和耐用消费品。

出于种种原因，更强大的农业和工业利益集团倾向于以轻工业创建为重心的有限工业发展模式。尽管这一模式并不意味着生产结构的彻底转型，但它确实是应对国际收支平衡危机的一种临时措施。它还为在该国设立的外国资本提供了一个有利可图的选择，同时又不会对未来发达国家向阿根廷出口工业产品构成严重威胁。

尽管中小型民族企业当时拥有巨大的经济和政治潜力，但其在结构和政治方面的弱势是不争的事实，因为没有机构性的渠道供其表达利益诉求。当时，没有企业组织或政党来代表这部分工业资产阶级，这在一定程度上说明了这些中小型民族企业在反对主流工业发展模式或制定替代模式方面的无能为力。这个群体最终确实推行了一种更激进的工业发展模式，该模式能够与外国资本和农业群体更强大的利益相对抗，并实质上改变了生产结构，但直到一种新的政治现象——庇隆主义的出现，这种模式才有了实际意义。由于无法形成自己的工业发展替代模式，中小型工业资产阶级最终被一个以国家发展为优先事项的阶级联盟所吞没。

---

① Adolfo Dorfman, *Evolución industrial argentina* (Buenos Aires: Losada, 1942), p. 263.

有证据表明，20 世纪 30 年代中期之前，资本集中度往往与工业部门的外国投资齐头并进。这两个因素都对中小型工业资本的生存构成了威胁，因此，中小型与大型工业资本利益集团之间的对抗已蓄势待发。中小型企业家的经济和社会重要性直指这种潜在的冲突，第二次世界大战严重刺激了工业化进程，从而使这种冲突得以显现。

可以进一步得出结论，在外国资本大量进入制造业的背景下，工业发展导致主流阶层间的分合，而这种现象在传统资本主义发展模式中是不存在的。20 世纪 30 年代，阿根廷出现了一类新的社会角色：一群源自本国的中小资本家，他们认为自己的生存受到了与外国资本有各种联系的大型企业的发展的威胁。

阿根廷的这种情况似乎表明，工业化的模式并没有从一开始就引发农业资本和工业资本之间的对抗，而是引发了工业资产阶级内部各阶层之间的对抗，这一切为以改变国家生产结构为目标的阶级联盟的形成创造了结构性条件。一旦有利时机到来，该目标就会通过一种新的政治现象在政治上得到体现，那就是庇隆主义。而农村与整个工业之间的对抗必须等到阿根廷工业化后期，只有当工业化达到以资本较密集型产业为主导的阶段时，农业资产阶级的利益与工业资产阶级整体利益之间的矛盾才会在资产阶级间的冲突中占据中心位置。

工人阶级作为新的社会角色开始崛起

从本章第一部分可以看出，所分析时期的资本积累的特点是资本有机构成相对稳定。这种情况使得进入工业劳动力市场的机会越来越多，并大幅增加了工业就业人数，但同时工资也停滞在了较低的水平，例如，工业部门的工资在 1929　1942 年间的年累计增长率仅为 0.07%。[①] 然而，自 1936 年起，工会成员显著增加，这种劳工运动的工会化趋势在 20 世纪 40 年代，特别是在 1946 年庇隆主义政府掌权后不断扩大。

20 世纪 30 年代的显著特点还体现在劳工动员的增加。然而，除了 1935 年的那次罢工，这十年间的绝大多数罢工未能实现其目标[②]，实际低工资也表明，

---

① 根据 Murmis 和 Portantiero 的 *Estudios sobre los origines del peronismo* 一书中工人的实际工资计算。

② 同上，p. 89。

尽管工人逐渐被动员起来，工会成员增加，但这一社会阶层的谈判潜力并不大。①

这一时期的另一个特点是工会运动内部两大派别之间的对抗。一种派别主张对政党施加一定的影响，将工会运动转变为一个施压集团，不仅能够在工会事务的特定领域采取行动，还能在政治上采取行动。也就是说，它试图把工会用作在政治舞台上开展活动的工具。另一种派别的核心主张则倾向于让工会斗争为左翼政党的议会政治目标服务。当第三国际提出“民主或法西斯”的口号时，第二种派别将经济斗争及其诉求用来宣传反法西斯主义。在一个广泛剥削劳动力的国家，这种将反法西斯主义置于工人阶级的经济诉求之上的做法，只会让第一种工会派别在劳工运动中获得意识形态和政治上的霸权。

通过工会活动扩大政治决策份额的要求，不可避免地与官方发展模式相冲突。有限的工业化并不关心国内市场的扩大，这意味着工人诉求受限。同时，这一时期实际工资停滞在非常低的水平，则意味着大众消费增长对官方发展模式的作用有限。尽管工会一再要求参与决策和改善工作条件，但官方并不妥协，这表明在统治精英的发展模式中，工人阶级没有发挥重要作用。然而，这种情况只是昙花一现。

1943 年的军事政变极大地改变了工人开展斗争的经济和政治条件。从劳动力市场发展的角度来看，20 世纪 40 年代上半叶的特点是就业人数持续增长，从 1943 年起，随着就业人数的增长，实际工资也有了大幅增长。例如，在 1943—1945 年间，工资以 3.31%的累计年增长率增长。② 工资的突然上涨反映了统治精英对工人阶级在经济发展中所扮演角色的态度发生了变化。

到 20 世纪 40 年代初，以实施有限工业发展战略为基础的经济增长机会似乎已经耗尽。进口替代的机会越来越少，第二次世界大战后，外国竞争可预见地增长了，对民族工业构成了明显的威胁。因此，扩大国内市场成为刺激资本

---

① 对资本和实际工资有机构成演变的分析表明，在所分析的时期内，有充足的劳动力储备，可以压低工资，从而鼓励扩大资本积累。这一事实反驳了 1970 年之前阿根廷不存在大量劳动力储备的假设［Carlos Waisman, *Reversal of Development in Argentina: Postwar Counterrevolutionary Policies and Their Structural Consequences* (Princeton: Princeton University Press, 1987), p. 54 and passim］。

② 根据 Murmis 和 Portantiero 的 *Estudios sabre los origines del peronismo* 书中工人的工资数据估算。

积累的主要手段。在这种情况下，只有实行收入再分配政策，通过大幅增加民众的消费来扩大内需，才能扩大国内市场。一个军队派别认为这是一种替代方案，该军队由在新军政府中担任劳工部长的庇隆上校领导。他说道：

> 阿根廷共和国目前的生产量是消费量的两倍。也就是说，生产的产品有一半销往了国外。我想，战后我们的产品是否还能继续销往南非、加拿大、中美洲和南美洲，与美国、英国、法国、俄罗斯等国竞争。一旦不能出口，如果国内的消费量只占50%，那么我们的工业和生产会是什么情况？我们的工业将会有一半瘫痪，100万阿根廷人将会失业，无所事事，也无饭可吃。唯一的解决办法就是增加本国消费。在这样的特殊情况下，我们只能通过提高计件工资和薪金来刺激消费，这样每个人的消费就可以比现在多得多。反过来，每个实业家、工厂主和企业家生产的产品数量可能会和现在一样多，但不必关掉机器、辞退工人。国家有关机构目前正在研究这些可能性。[①]

20世纪30年代，一个阶级联盟应运而生，其致力于一种与统治精英截然相反的工业发展模式，由关心国家发展的中小型工业资产阶级和工人阶级组成，如今这两大群体对社会的重要性越来越大了。到20世纪40年代初，基于主流工业模式的发展机会已经消失殆尽，这为另一个工业发展规划的出现创造了条件。

制度合法性恶化

1930年，阿根廷在经历了近15年不间断的民选宪法政府之后，军方突然现身政治舞台，这一年发生的军事政变开启了一个被称为"声名狼藉的十年"的政治时期。政治上取缔被废黜的激进党、系统性的选举舞弊、官方与外国企业勾结的经济丑闻，以及外国肉类加工企业的财务违规行为，引发了参议院的一场辩论，其间一名反对党立法委员被枪杀，这些都是该时期发生的一些标志性事件。此外，还有一个重要的事实，即被取缔的激进党发生分裂，其中一个派别(Alveraristas)后来参与了"爱国欺诈活动"。所有这些事件都表明制度合法性

---

① 引自 Gonzalo Cardenas et al.，*El Peronismo*（Buenos Aires：Carlos Perez，1969），pp. 233－234。

受到了侵蚀。

其中的一个主要原因是，两大群体的利益与统治精英的利益对立，但被剥夺了表达抗议的机构性的渠道。无论是工人阶级还是中小工业资产阶级，都没有任何法人团体或政治组织可以让他们在政治决策中赢得发言权，长期的选举舞弊也阻碍了他们通过真正的民主选举获得政治权力。此外，在这种社会对抗的背景下，工人的诉求有可能会引发一场对统治体系重要基础构成潜在威胁的社会斗争。由于统治体系无法确保发展模式的顺利过渡，只有在 1943 年 6 月发生新的军事政变时，才有可能实现过渡。

与 1930 年 9 月的政变不同的是，这场政变让军队中的民族主义势力几乎立即占据了霸权地位。政变的主要参与者试图结束对制度公信力的侵蚀，并避免一场将彻底颠覆现行统治体系的潜在社会斗争。

庇隆主义与民族资产阶级和工人阶级的和解

加速国家的工业化是庇隆主义政府追求的一个目标。为此，政府实施了一项经济政策，旨在克服国内市场的限制，这些限制会使国家工业出现严重衰退。这一经济政策启动了两项措施，它们对于理解当权阶级联盟的结构至关重要：将收入从农业阶层转移到工业阶层，以及将收入再分配到劳动群众。

庇隆主义与资产阶级各阶层

新政府试图通过调整国内汇兑条款，使之有利于工业，从而为工业发展注入资金。为此，新政府成立了一个机构，即阿根廷汇兑促进局（Argentinian Institute for the Promotion of Exchange），目的在于垄断农产品出口。这一机构通过严格控制汇兑和确定农产品的国内价格，获得了巨额利润，以此来资助工业化计划。它还以固定价格购买产品，然后用国际价格转售。由于支付给农业生产者的价格过低，使这些生产者无法从第二次世界大战结束后汇兑条款的改善中获益。例如，1948 年阿根廷政府以每吨 101.25 比索的价格向美国出售了 200 万吨葵花籽，而当时付给生产者的固定价格是每吨 14 比索。支付给国内生产者的价格和在国际市场上销售产品的收入之间的差额构成了一个收入来源，使政府能够提供鼓励工业发展所需的财政和税收补贴。然而，这一价格政策也导致了国内市场谷物价格的日益下降，1948—1952 年，谷物价格下降了 36%。

官方垄断农产品出口和将这些产品的国内价格冻结在远低于国际价格的水平，往往会削弱农业资产阶级最强大阶层的经济实力，结果可能只会招致抵触。此外，还有其他措施引起了大农业资产阶级的不满，其中包括《农民法》(Peasant Statute)和土地改革。通过颁布前一项措施，政府试图大力改变农村普遍存在的家长式关系，从而进一步破坏这一阶层经济权力的合法性。

1815 年的《奥力顿诏令》(Edict of Oliden)要求每一个农民都必须服务于一个雇主，该诏令始终有效。直到 1947 年通过了《农民法》，后者试图通过全国农村劳工委员会将农村劳工与雇主的关系制度化。该委员会由雇主和农村劳工代表组成，他们每年就工作条件和工资进行谈判。农民由阿根廷农业阶层联合会代表，该组织是劳工总会的分支。因此，《农民法》引入了两个新的要素：农场工人的工会化，以及不仅就工资而且就工作条件进行机构谈判。在阿根廷历史上，农场工人第一次获得了带薪假期、8 小时工作制、周日休息、最低工资保障、失业补偿、医疗保险和其他保险等福利。

执行这些政策的同时，政府还公开表示正在考虑实施土地改革。然而，由于未能完成对公共土地和少数大型、未开发和破败地产的去殖民化，这一改革并未成功地通过在更肥沃的地区分配土地来彻底改变农业权力基础。作为农业资产阶级实力更强大阶层的经济力量基础，潘帕斯草原的大片土地却从未被触及。

尽管土地改革有明显的局限性，但将这一改革作为一项官方政策的简单事实，就足以引起农业阶层的愤怒，农村很快通过抵制种子和谷物出售来表达不满的情绪。这一行动势必造成播种面积大幅减少，到 1953 年，政府不得不通过提高这些产品的价格来刺激农业产量。然而，与工业部门相比，农产品价格在这一期间明显下降(见表 1.6)。

表 1.6　相对价格：全国非农业批发价格指数与农业批发价格指数比率(1939=100)，1946—1965 年

1946 年	88.7
1947 年	100.0
1948 年	105.6

续表

1949 年	120.0
1950 年	126.9
1951 年	120.0
1952 年	140.0
1953 年	127.2
1954 年	131.2
1955 年	137.2
1956 年	113.4
1957 年	112.5
1958 年	110.4
1959 年	98.6
1960 年	102.1
1961 年	106.3
1962 年	98.9
1963 年	92.5
1964 年	90.8
1965 年	108.2

资料来源：Carlos F. Diaz Alejandro，*Essays on the Economic History of the Argentine Republic*（New Haven：Yale University Press，1970），Statistical Appendix。

政府对农业的这种态度与其推动工业发展的态度形成了鲜明对比。除了提高工业产品的相对价格之外，还为民族工业提供财政补贴、税收激励和强有力的保护。高关税保护了工业企业，使它们能够将政府提高的工资成本转移到价格上，而高工资水平可以扩大国内市场，特别是消费品的生产。

矛盾的是，这些措施并没有得到工业资产阶级的积极支持。资产阶级中的强势阶层从一开始就反对政府，并在 1946 年的选举中为庇隆主义的反对派提供了主要的财政支持。这部分资产阶级与外国资本大企业的联系可能为反对派的行动推波助澜，因为庇隆主义政府的典型特征就是公开宣扬民族主义以及反对外国资本在阿根廷政治中的传统角色。此外，政府还将与经济基础设施相关的公共服务（英国和法国拥有的铁路、国际电话和电报公司等）国有化，并试图控制财政资源。尽管这一时期的金融政策有利于工业阶层，但这种补贴信贷政策的主要受益者是中小工业资产阶级。对于势力较强的阶层来说，这些政策意味着政府失去了对资金来源的垄断权。政府采取的其他措施，例如，限制外国对工业的投资和把利润汇回本国，也会削弱该阶层的经济影响力。

中央银行的国有化（在此之前，中央银行由一个董事会管理，该董事会主要由在阿根廷设有分行的较重要的外国银行代表组成）和保险行业类似国家垄断的集权化，确保了国家对金融的控制权。中央银行成了国家的主要信贷机构，私人银行仅仅是其代理机构，从其业务中收取佣金。对私营企业的信贷采取中央银行再贴现的形式，相关经济部门的利率不同。中央银行直接控制货币的发行，可用信贷的数量由财政当局规定，与存款水平无关。中央银行再贴现成为信贷导向的主要工具，与政府产业战略的指导方针一致。

这一体系于 1946 年建立，意味着大幅增加了向工业提供的资金。1946 年金融改革前，实际上并不存在中长期信贷，但随着工业信贷银行的创立，这种情况发生了巨大变化。工业信贷银行的主要目标是支持工业资产阶级中的中小企业阶层。在庇隆主义执政时期，该银行参与工业部门贷款总额的比例大幅上升，但随着政府下台，尤其是在 20 世纪 60 年代，这一比例突然下降。这一时期财政政策的另一个典型特征是，其构成形式完全是一种补贴。利率由中央银行确定，除了 1953 年和 1954 年，其余年份的利率均远低于零。生产非耐用消费品的部门是补贴性信贷的主要受益者。①

虽然大型企业受益于工业总体激励政策，但一些具体政策往往会削弱其经济影响力，并助长其与政府的对抗。官方试图鼓励中小型民族工业形成独立组织，而这不可避免地进一步疏远了这一强势群体。

尽管政府对中小型民族工业给予了支持，但未能赢得中小型民族工业的积极拥护。诚然，中小型民族工业支持官方政策，但夹杂着同情和不太情愿的同意。中小型民族工业主不主动是阿根廷当代历史的一个特征，他们无法积极表达自己的观点，这或许是阿根廷工业资产阶级分裂造成的。如前所述，这种分裂是“非工业革命”的工业化进程的结果，此进程从一开始就以令人瞩目的外国

---

① Marta Beckerman,“Financial Markets and Industrialization in Argentina: A Conflictive Relationship” (paper presented at the LASA Conference, Boston, 1986).

资本的存在为显著特征。

庇隆主义与工人阶级

庇隆主义政府的经济政策无疑改善了工人阶级的境况。在庇隆执政的最初几年,剩余价值率急剧下降,随后保持相对稳定,远低于历史水平。与此同时,实际工资呈现了系统性增长,并且就业率也提高了。1931—1939 年工业就业的年增长率仅为 3.3%,但 1940—1945 年为 3.8%,1946—1950 年为 4.8%。[①] 同样,1945—1948 年,公职人员的实际工资据估计增长了 35%,产业工人的实际收入增长了 50%。[②]

到 20 世纪 50 年代初,这些趋势开始发生逆转,但就整个时期而言,可以说收入的再分配在很大程度上对劳动力有利。劳动报酬占工业净收入的比例从 1944 年的 44.8%上升到了 1954 年的 57.7%,公司利润则相应地从 55.2%下降到了 42.3%(见表 1.4)。

这一经济政策使工人阶级受益,确保了其就业和工资水平远远高于这一时期前后的水平。随着 1949 年《宪法》将赋予工人的权利制度化,工作条件也有了根本性的改善。这些权利包括每天工作 8 小时、每周工作 48 小时、失业救济、圣诞节奖金和带薪休假。在较为重要的条款中,值得一提的是,《行业联盟法》(Professional Association Law)赋予了行业联盟参与决策的权利,这在阿根廷历史上是前所未有的。根据该法的条款,工会作为法人实体被赋予了一系列权利,实际上允许其管理劳动力市场。其中一项条款还规定,工会可以依据选举法参加政治活动。另一项条款保证工会有机会在技术和经济咨询机构中与国家合作。

这些政策导致阿根廷出现了大规模的工会化。据估计,截至 1947 年,劳工总会已拥有 150 万名成员,1951 年则达到了 300 万的规模。这种大规模的工会

---

① 对于 1930—1945 年,我的估算基于 Murmis 和 Portantiero,*Estudios sobre los origines del peronismo* 中的劳动力就业指数。对于 1946—1950 年,我的估算是根据国家经济发展委员会(CONADE)提供的制造业就业人数得出的。虽然第一阶段的数据只涉及布宜诺斯艾利斯,第二阶段的数据涉及整个国家,但我认为这种比较是有效的,因为在 20 世纪 30 年代和 40 年代初,大部分工业人口集中在布宜诺斯艾利斯。

② E. Eshag and R. Thorp, *Los planes de estabilización en la Argentina* (Buenos Aires: Paidos, 1969), p. 75.

化对工会领导层产生了相当大的影响。反对庇隆的共产主义和社会主义工会领导人均听命于各自政党的指示，他们很快被忠于庇隆政府的新成员队伍中的领导人所取代。反过来，政府鼓励在持续反对官方政策且无法罢免其领导人的工会中形成平行工会。

庇隆主义政府的一个主要目标是将工会制度化，使其成为工人在国家经济活动中表达意见的工具。工会成为调节劳资关系所需的中介，作用不再局限于部门或区域层面，而是具体到国家层面。它们是整个工人阶级而不是该阶级各阶层的表达工具。因此，工会享有前所未有的议价能力和对劳动力市场相当大的控制权。这种权力不仅是政府鼓励大规模工会化政策的结果，也是工业化政策本身的结果。充分就业的条件往往会大大提高工会施加压力的能力，从而影响经济决策。此外，由于需要通过增加大众消费来扩大国内市场从而刺激资本积累，这无疑使这些普通阶层具有了以前所缺乏的施加政治压力的能力。

政府试图使工会成为传递工人政治诉求的主要渠道，通过工会将工人的政治诉求制度化，这与工会主义内部将工会转变为工人阶级政治工具的固有野心不谋而合。1943—1946 年，工会运动开始支持庇隆的提案。起初，这种支持很大程度上是被动的，主要是承认庇隆在担任劳动和安全部长期间对经济和社会的贡献。但很快，这种支持变成了一种积极的动员，其主要目标是让劳工参与决策。1945 年 6 月 16 日，319 个雇主团体签署了《生机之门宣言》(Manifesto de las Fuerzas Vivas)，严厉抨击政府的社会政策。工会很快做出了回应，各主要工会在接下来的几天里纷纷发表声明，捍卫工人权利，支持政府。7 月 12 日的街头集会将这次动员活动推向了高潮，劳工领袖们在集会期间表达了以下理念：

> 我们不需要别人替我们发声，我们要自己发言。我们决心使阿根廷工会运动在解决共和国的政治、经济和体制问题方面拥有发言权，阿根廷工会运动现在已与世界上任何工会运动都不相上下。我们的声音是绝对独立的。[①]

到 20 世纪 40 年代中期，参与政治决策的意愿不仅是工会运动的标志，

---

① 引自 Cardenas 等人，*El Peronismo*，p. 56。

1945 年 10 月 17 日各层级劳工的自发动员表明，劳工运动中的最基层群众同样也希望能参与决策。

9 月 19 日，在反对庇隆的政党和团体组织的“宪法和自由大游行”之后，发生了军事政变。庇隆于 10 月 9 日被捕免职，随后几天他被指控制造紧张局势和煽动工会。最终，劳工总会中央委员会于 10 月 16 日召开会议，决定是否举行大罢工以支持庇隆。由于工会领导人意见不一，会议开展得很不顺利。罢工最终被批准于 10 月 18 日举行，但 21 票赞成、19 票反对的投票结果表明仍未达成共识。就此而言，罢工的目标中，没有任何一项要求释放庇隆并让他重新掌权。然而，这是人民的呼声，他们在工会领导人计划的罢工日前夕集体走上了街头。

据说，伊娃·庇隆（Eva Perón）[①]和肉类加工者工会的负责人西普里亚诺·雷耶斯（Cipriano Reyes）组织了这次动员。毫无疑问，这一期间有些人发挥了关键作用，但如果工人阶级没有表达自己具体诉求的意愿，任何个人的努力都是徒劳的。10 月 17 日的主要参与者是工人，他们在布宜诺斯艾利斯的街头要求释放庇隆，使其通过大选重新掌权，不得有任何禁令或选举舞弊行为。

如何获得绝对独立的发言权是这一时期劳工运动所面临的主要问题，政府限制了工人独立于官方政策或其他社会阶层的利益来表达自身利益的机会。政府将工会转变为工人阶级政治机构的决心很早就显露出来了。1945 年 10 月通过了一项法律，承认工会有权参与国家的政治生活。工会现在有权“根据情况”或偶尔参与政治活动，而无须再费周折。然而，如果他们希望持续参与政治活动的话，则必须组建一个政党。于是，劳动党建立了，其在 1946 年 2 月大选中是庇隆的铁杆政党，但在大选获胜后就解散了，并被庇隆党所取代。这是通过政府控制的工会过滤工人政治诉求政策的进一步体现。

---

① 又称“艾薇塔·庇隆”（1919—1952 年），原名玛利亚·伊娃·杜亚特，前阿根廷总统胡安·庇隆的第二任妻子，又称“庇隆夫人”。

图 1.2 阿根廷 100 比索纸币上的伊娃·庇隆像(图片来源:百度百科)

掌权的阶级联盟

庇隆主义代表了工业资产阶级中的民族资本家利益和工人阶级利益的联盟。这个联盟掌握在以庇隆为首的精英手中,其战略目标是协调资本利益和劳工利益。这一时期的主要对抗发生在两个阶级阵营之间,表现为两种发展模式。一方面,资产阶级中的强势阶层要求恢复有限工业化模式,并完全反对官方政策。实际上,他们要求恢复"爱国主义欺诈",控制民众需求。另一方面,政府试图将农村收入转移到工业部门,并减少外国资本对国家政治经济生活的影响,以此促使民族工业加速发展。

当劳动收入再分配开始对实际利润率产生影响时,资产阶级中最有权势阶层的反对派设法削弱了当时的权力结构。政府试图协调资本利益和劳工利益,而工业利润率的下降从结构上限制了其继续执政。资本积累要求对工人阶级采取与庇隆主义政府相反的政策,而这种政策只有以发动军事政变和建立新的执政阶级联盟为代价才有可能实现。

第二章

阿根廷工业发展的悖论

主要社会冲突

1955年的军事政变建立了一个新的当权阶级联盟。实力较强的农业和工业阶层恢复了对政治权力的控制，但与20世纪30年代不同的是，这一次并没有出现一个群体明显压倒另一个群体的情况。

分配主义发展模式在战后初期极大地推动了资本的积累。然而这种模式在战后中期却对利润率产生了负面影响，逐步破坏了庇隆主义的政治战略基础，即劳资利益之间的调和。为了让利润率足以鼓励资本积累，需要用资本品取代劳动力，这就为庇隆主义阶级联盟的分裂创造了条件。这一利润率对工业资产阶级中的民族资产阶级构成了威胁，他们的恐惧和困惑加剧了资产阶级中广大阶层对政府的反对。

1955年，军方把庇隆从政府中剔除，庇隆主义的原有阶级联盟所剩无几。从那时起，民族工业资产阶级开始寻求其他盟友和政治渠道来表达自己的利益，对抗军方的庇隆主义运动的阶级内容发生了实质性的变化。这场运动不再是阶级联盟的表现，而是代表了劳工运动的经济和政治利益。

资本积累发展所处的条件日益加剧了工人阶级与资产阶级其他阶层利益间的对抗。冲突贯穿了整个 20 世纪 60 年代,并在 60 年代末成为政治舞台的主要特征,但并不是只有这一种冲突。事实上,本章所分析的这一时期的特点还包括执政阶级联盟内部的残酷斗争。

资产阶级各阶层的斗争

1966 年以前,虽然两个主要当权阶级集团所提倡的发展模式构成公开冲突,但又一直共存。大农业资产阶级试图重新采用 20 世纪 30 年代的有限工业发展模式,想以此来恢复他们在庇隆主义时期失去的经济霸权。与过去不同,他们现在的利益与工业资产阶级中的强势阶层发生了冲突。后者试图强制推行另外一种工业发展模式,其基础是资本密集型产业领衔,以及大量补贴、高关税保护、技术和外国资本的结合。

这两种模式都对各阶级群体做出了不同的让步,但实际过程中会要求把收入从一个群体转移到另一个。例如,农业群体试图取消国家对农产品出口和商业化的所有管制,并要求建立一个“自由波动”的外汇市场。其主要诉求是比索贬值。反过来,工业资产阶级中的强势阶层则试图维持或增加庇隆主义政府给予工业的补贴,并恢复对信贷的控制。这两个群体均向当时的各级政府施压,要求其采取这些具体政策,结果导致收入从一个群体向另一个群体的暴力转移成了当时的常态。争取更多收入的斗争成为这个时期的显著特征,并引起了相当规模的通货膨胀。

这一时期,通货膨胀的主要机制是比索贬值。出口的农产品与在国内市场上销售的农产品性质相同,都是为了满足国内粮食需求,并供应给农产品加工业。农产品的国内价格历来受制于出口价格,因此汇率往往对国内销售价格起着决定性的影响。由于其他生产部门的价格不会自动与农产品价格同方向、同幅度变动,因此贬值改变了农产品较之于这些领域产品的相对价格(见表 1.6),而相对价格的改变刺激了收入从其他经济部门向农业部门的转移。例如,在 1959 年货币大幅贬值的情况下,农产品的实际价格上涨了 37.2%,工业品价格保持不变,服务业价格则下降了 10%。据估计,价格的这一变化意味着约有 25

亿美元从其他经济部门转移到了农业。[①]

相比于自主扩大公共开支、向私营企业提供信贷和大幅提高工资，比索贬值引发的通货膨胀所造成的冲击更为猛烈。从 1946 年到 1949 年，在扩大公共开支、货币贬值和全面提高工资的政策下，生活成本增长了 98%。从 1958 年到 1962 年 8 月，在限制对私营企业的信贷、减少财政赤字和抑制工人需求的政策下，生活成本上涨了 323%。[②]

虽然整个时期都出现了收入向农业阶层转移的情况，但工业资产阶级中势力较强大的阶层在此时设法强制实施了一系列措施，这些措施实际上巩固了以资本密集型产业引领为核心要素的新工业发展模式的推广。大量的财政和税收补贴、高关税保护以及外国资本的大量投资刺激了这些产业的发展。虽然工业化继续以国内市场为导向，但这些引领性产业生产的产品的主要消费群体是收入最高和来自大型企业的客户，特别是公共部门的客户。与分配主义模式相反，大众阶层的消费增长并不是资本积累发展的决定性变量。由于采取了激励措施，资本密集型产业在工业总产值结构中拥有了决定性的份额，而工资品产业所占份额则大幅下降。

此外，还有人试图恢复弱化版的分配主义模式。在 1963 年的大选中，新政府上台执政，民族工业资产阶级设法通过新政府来传达他们的具体诉求，但国内外形势都发生了变化，该计划未能如愿，由此造成了 1966 年的军事政变。

货币贬值除了刺激收入向农村转移之外，还产生了另一个重要后果。融资渠道较少的小型企业外债增加，货币贬值成为中小型工业企业清算的有效机制。到 1963 年，由于资本高度集中的产业创造了 69%的工业总产值，因此资本的集中程度非常显著。此外，资本集中主要发生在资本密集程度较高的产业(见表 2.1)，集中程度高的产业还往往拥有较大比例的外国资本(见表 2.2)。到 20 世纪 60 年代中期，在阿根廷最大的 10 家企业中，有 8 家是外国企业的子公司，2 家是国有企业。换句话说，没有一家是属于阿根廷私有资本。

---

① Aldo Ferrer，"Devaluación，redistribución de ingresos y el proceso de desarticulación industrial en la Argentina，" in *Los planes de estabilización en la Argentina* (Buenos Aires: Paidos，1969)，and *La economia argentina*: *Las etapas de su desarrollo y problemas actuales* (Mexico City and Buenos Aires: Fondo de Cultura Economico，1963).

② Ferrer，"Devaluación，redistribución y desarticulación industrial".

表 2.1 根据 1963 年工业普查,每个工业部门的业务规模和产值(PV)
(PV 占各部门总产值的百分比) 单位:%

	按员工人数划分的企业规模				
	100 人及以上	99—50 人	49—26 人	25—11 人	10 人及以下
橡胶	65.0			29.0	6.0
石油	93.5			6.5	
化学品	14.0		45.0	40.0	1.0
金属		76.0		24.0	
金属制品				39.0	61.0
机械装置			2.7	45.7	51.6
电气设备		3.0	17.0	57.0	23.0
非金属矿物	28.0	19.0	8.0	18.0	27.0
运输设备	59.5		6.0	15.5	19.0
纸张		58.0		42.0	
食品	16.5	16.5	30.0	11.5	25.5
饮料	6.0		20.0		74.0
纺织品	24.0	22.0	14.0	29.0	11.0
烟草	86.0	12.0		2.0	
印刷品			40.0	7.0	53.0
皮革和生皮				72.0	28.0
家具					100.0
木材和软木材料			11.0	8.0	81.0
鞋类和服装		18.0		2.0	80.0
其他			14.0	59.0	27.0

资料来源:未公布的 1963 年工业普查数据,CONADE 提供。

表 2.2 1963 年按资本集中程度划分的外国企业在制造业生产中
所占的份额(百分比) 单位:%

资本高度集中企业	32.4
寡头垄断企业	52.9
部分寡头垄断企业	20.4

续表

资本中度集中企业	11.9
资本轻度集中企业	1.9
合计	24.6

* 我根据非常严格的标准确定了资本来源。根据阿根廷共和国中央银行第 B1150 号通告，只有"地址在阿根廷的外国实体企业"才能被视作拥有外资的企业，所以所提交的这份数据低估了外资在工业中所占的份额，因为我排除了阿根廷企业中占有重要份额的所有其他外国企业。

资料来源：CONADE，"*La concentracion de la industria argentina en 1964*"（internal publication，1971）。

因此，农业部门尽管有能力推行有利于自身收入转移的货币贬值，但基于资本密集型产业引领的工业发展模式已逐渐成形，而与外国资本有联系的大企业对这些产业的控制则不断加强。国有中小型企业被排挤到了工业部门的边缘，尤其被降为工资品产业。

工人阶级不断分化

第一章中我得出结论，在我所研究的这个时期，资本积累建立在对相对剩余价值的榨取之上，并且从 1955 年开始，逐渐增加了对劳动力的剥削，直到在 20 世纪 60 年代达到与 40 年代相同的水平。因为工资政策越来越严苛，薪金和工资在国内生产总值（GDP）中所占的比例趋于下降。

与此同时，新的工业发展模式使得劳动力市场日趋异质化，工人阶级也逐步分化。工资水平取决于工人所从事的行业（见表 2.3），劳动力市场的异质化主要是因为各行业在生产方针和竞争力上的巨大差异。

表 2.3　　1950—1968 年工业平均工资年累计增长率　　单位：%

	1950—1955 年	1956—1966 年	1966—1968 年
食品及饮料	0.44	−1.30	−0.70
烟草	−7.93	1.25	−0.17
纺织品	0.00	−1.45	−5.95
服装和鞋类	−2.47	−3.20	−8.72
木材和软木材料	0.15	−0.70	−5.80

续表

	1950—1955年	1956—1966年	1966—1968年
家具和固定装置	−0.04	−1.75	−5.35
纸和纸板	−1.60	2.76	−4.78
印刷品和出版物	−3.95	1.42	0.17
皮革和生皮	−2.00	−0.60	−2.90
橡胶	0.59	3.91	−2.86
化工产品	2.01	2.61	−7.85
石油衍生物	−0.34	5.79	−5.20
非金属矿物	−2.86	0.86	−4.10
金属	0.41	1.25	−3.15
机械装置和车辆	0.22	2.54	−4.60
电子机械和应用程序	0.98	2.18	2.81
其他	−1.05	−0.23	−4.60
合计	−0.32	0.97	−4.40

资料来源：Banco Central de la Republica Argentina，*Origen del producto y distribucion del ingreso 1950—1969*，*Boletin Estadistico* no. 1，(Buenos Aires，January 1971)。

劳动力市场的另一个特征是企业规模对工资水平的影响。1963年的工业普查显示，企业规模越大，工资越高(见表2.4)。生产中间品、资本品和耐用消费品的行业的工资往往高于工业的平均工资。此外，在资本高度集中的同等水平上，这些行业的工资往往高于生产工资品的行业工资(工资品指的是大众阶层的主要消费品，如食品)。

表2.4　　根据1963年工业普查，按行业和各行业的企业类型所划分的人均年工资　　单位：千比索

	按员工人数划分的企业规模					
	500人及以上	499—100人	99—50人	49—26人	25—11人	10人及以下
橡胶		214.0			119.0	75.5
石油	254.0				136.0	
化学品		163.0		174.0	151.0	63.5

续表

	按员工人数划分的企业规模					
	500 人及以上	499—100 人	99—50 人	49—26 人	25—11 人	10 人及以下
非金属矿物	242.0	208.0	183.5	121.0	109.0	52.0
纸张和纸制品			182.5		99.0	
基本金属			158.0		137.5	
金属制品					146.0	103.5
非电气机械装置				153.5	144.0	110.0
电气机械			142.5	170.0	134.0	101.0
运输设备	197.5	145.5		138.0	111.5	82.0
印刷品				173.0	99.5	106.0
皮革和生皮					113.5	71.0
家具						64.5
鞋类和服饰			112.5		69.0	60.5
木材和软木材料				87.0	89.0	55.0
烟草	208.0		107.0		75.0	
纺织品		108.5	124.5	104.0	103.5	66.0
食品	163.0		145.5	130.0	90.6	69.0
饮料		173.0		156.0		74.0
其他				149.0	106.0	64.0
合计	191.7	141.5	152.0	141.5	120.0	77.7

资料来源:未公布的 1963 年普查数据,由 CONADE 提供。

受行业和企业规模的影响,工人阶级日益分成了不同的层次。于是资本密集程度较高的行业中冒出了工人精英群体,他们的生活质量与那些生产工资品的工人形成了越来越大的反差。后者不仅工资最低,还会在许多情况下受到过度剥削;也就是说,他们的工资低于维持生计所需的最低水平。

从所得工资相对于法定最低工资之间的波动中,可以得出这种过度剥削的一个近似指标。如果把工人工资低于最低工资的 10%视为过度剥削,就会发现,1965 年食品行业中受到过度剥削的工人占总人数的 19%;在饮料行业,

28.5%的工人受到过度剥削；在服装业和木材业及其衍生行业，所占比例分别为 24.5%和 56.6%。[①] 与此对应的是，在资本较密集的行业中，工资高于最低工资的就业劳动者的比例更高。

这种情况一直存在于所研究的这一时期，可以得出结论：过度剥削劳动力是国有资本控股的中小型企业增加资本积累的重要机制，而这些企业在生产工资品的行业中占较大比例。对于这些行业而言，靠引进技术来提高生产率，从而增加劳动力剥削不如过度剥削机制重要。与此相反，在资本较密集的行业，与外国资本有联系的大企业占主导地位，其增加劳动力剥削的主要机制恰恰是提高生产率。在整个 20 世纪 60 年代，随着生产率得到了最大限度的提高，这些行业的工资也达到了最高水平。

现行发展模式产生的另一个结果是，对于每年进入就业市场的劳动力，工业的吸收能力不断下降。尽管制造业在 1953 年吸纳了当年 23.6%的劳动力，但这一比例在 1963 年降至 19.4%，1969 年则降至 18.7%。[②]

阶级及其阶层之间新的权力关系

本国企业在生产过程中需要引进技术，这促使其以各种方式与外国资本建立联系，因此两者间联合的趋势取代了原本的利益对抗。然而，如上所述，民族工业资产阶级依然与过度剥削机制盛行的生产工资品的行业紧密联系，这严重限制了重新采用分配主义模式的可能。劳动力的过度剥削成为中小资本再生产的基本机制，这两大阶级之间日益加剧的冲突取代了劳动力与资本的和解，而后者是分配主义战略的基础。工人阶级和民族工业资产阶级是分配主义模式的两个核心参与者，两者之间的利益日益对立，从而引发了新型的社会冲突。

上述结构性进程不仅极大地改变了资本与劳动力之间、外国资本与中小型民族工业之间的权力关系，而且还有助于再现和加剧资产阶级中更强大阶层之间争夺收入的斗争。

---

① Banco Central de la Republica Argentina，*Origen del Producto y Distribucion del Ingreso 1950—1969*，*Boletín Estadístico*，no. 1 (January 1971).

② CONADE，*Plan nacional de desarrollo*，vol. 1：*Analisis global* (Buenos Aires：Ministerio de Economia，1975)。工业吸纳就业能力的下降、剩余价值和工业工资的发展变化(在第一章中分析过)，以及大量劳动力在过度剥削条件下就业的现状，都表明依然存在庞大的劳动力后备军。

奥斯卡·布劳恩(Oscar Braun)认为,所分析时期的经济具有以下特征:农业产量固定;在农产品需求方面,对相对价格的变化不敏感,但对收入及其分配的变化敏感;进口商品的需求不是取决于相对价格,而是取决于工业产量的变化;出口仅限工业品。在此类经济体中,经济周期上升阶段的特点是,国际收支明显恶化,因为进口随着工业产量的增加而增加,同时收入水平的提高导致国内农产品需求增加,进而出口减少。最后,出现了危机:中央银行的货币储备耗尽,除非可以使用其他经济政策工具,否则必须实施包括货币贬值和限制性货币和财政政策在内的稳定计划。①

基于经济结构的这些特点,可以得出结论:这一时期的货币贬值发生在经济周期的一个非常特殊的时刻。在此之前,国际收支出现了结构性赤字,而货币贬值帮助恢复了国际收支的平衡。资本较密集的行业高度依赖半成品和资本品的进口,扩大这类行业的产量会导致进口量的增加,而这些增量无法用农业出口的增量抵消。由于农业产量是固定的,并且如果当地价格高于出口价格,那么剩余的农产品可以在国内市场上出售,因此,工业扩张的周期往往会引发贸易平衡危机,从而影响国际储备水平。工业发展的现行模式由此产生了一个悖论:工业产出的扩大导致了外资部门的危机,进而引发了经济衰退。

从我一直在分析的阶级冲突的角度来看,可以得出结论:工业发展的现行模式保留了农业阶层的否决权。这种类型的发展模式建立在资本较密集的技术依赖型行业引领的基础之上,这使得进口大幅增长。同时,因为这种类型的工业化主要面向国内市场,所以进口概率与农产品出口创汇密切相关。因此,工业越来越依赖农业,这赋予了农业阶层其所需的权力,从而能够在外资企业出现危机时,有权要求出台一系列有利于农业部门的收入转移政策。此外,这种情况产生了另一个极大的悖论:在资产阶级各主要阶层之间的冲突日益加剧的基础上,资本积累不断扩大。

---

① Oscar Braun,"Características de la evolución del capitalismo monopolista en el caso argentino"(Buenos Aires: lnstituto di Tella,1969,Mimeographed),and *Desarrollo del capital monopolista en la Argentina*(Buenos Aires: Tiempo contemporaneo,1970);Oscar Braun and L. Joy,"A Model of Economic Stagnation: A Case Study of the Argentine Economy",*Economic Journal* 78 (1968),pp. 868—887.

制度合法性问题

从1955年军队推翻庇隆将军到1966年阿根廷革命夺取政权，这段时期的特点是调节阶级斗争的制度合法性逐渐衰退。政党和工会不再是表达社会冲突的渠道，渐渐地，随着高压统治开始成为解决社会冲突的主要手段，暴力席卷了整个国家。

工会的运作

正如我们在前文所看到的，劳动力市场的特殊性引起了工人阶级的日益分化。分化对各种工会在工资问题上的谈判能力产生了影响，但更重要的是，它还引发了那个时期特有的一种现象，即工会主义。后者导致了工会精英分裂，工会精英们在工资方面的谈判能力有强有弱，而谈判能力基本上取决于特定工会领导人代表哪个生产部门。工会精英的这种分裂是在工人日益被动员起来争取更高的工资和更大的决策权的背景下发生的。

结果，由于执政联盟内部存在分歧，与资本较密集的行业有联系的工会领袖精英获得了相当大的政治操纵能力，其中最著名的是金属加工工人工会领袖奥古斯托·凡多尔(Augusto Vandor)。他利用自己在经济领域的影响力，设法获得了某些政治权力，并希望独立于庇隆的指令，能够直接与占主导地位的精英阶层进行谈判。他对独立和政治权力的渴望导致了1965年庇隆主义工会的正式分裂，从而产生了两个派别：新庇隆主义62工会或“万多里斯塔”，该组织要求从庇隆党中脱离出来，实现自治，并不受其规约；以及“追随庇隆”62工会或正统组织。

工会精英的这种分裂发生在工会职能逐渐衰退的大背景下。在资本主义社会中，工会可以使工人阶级的经济斗争在交换和竞争的范围内进行。一般来说，维护工人的经济利益取决于工会在劳动力“雇佣条件”方面谈判能力的强弱。这种谈判能力是由资本积累的特性决定的。如果将劳动力引入生产过程是调节生产的总体原则，那么工会的谈判筹码就会增加，因为任何资本积累的扩大都会减少失业人数，从而将劳动力转化为相对稀缺的商品。当产量的扩大和与劳动有关的社会组织基本上取决于资本品对劳动力的替代时，失业人数就会增加，从而削弱工会的谈判能力。

到 20 世纪 60 年代中期，阿根廷的劳动力市场和工会活动本身都受到了这些现象的影响。包括最有特权的阶层在内，工人阶级各阶层的工资都急剧下降（见表 2.3），这种情况加上旨在结束主流联盟内部对抗和拉拢工会的计划的实施，意味着工会精英所享有的政治操纵权终结了。与此同时，这些现象导致工会在与管理层达成协议时，失去了在普通员工层面的公信力。事实上，由于工会领导丧失了工资谈判的权力，并屈服于 1966 年军事政变的政治计划，普通劳工阶层日益反对工会领导人。① 因此，工会非但没有将阶级斗争引向交换和竞争的过程中，反而想煽动基层工人阶级向统治体系发起挑战。

政治机构的运作

这一时期，执政联盟内部出现了霸权危机。分歧和为了满足某些需求而对国家机构控制权的争夺，取代了就发展模式达成一致的谈判和探寻。结果，高压统治取代了谈判，对抗取代了不同社会角色需求之间的平衡。这种权力阶层的斗争在很大程度上导致了制度合法性的恶化。然而，这种斗争不是该现象的唯一决定因素，因为政党有效代表权的危机、对庇隆主义的政治取缔以及接二连三的军事政变也起到了一定的作用。

阿根廷政治史上的一个重要因素是政治和经济权力之间的不对称。历史上，资产阶级中的强势阶层一直无法组建一个能够表达其利益的政党，由此他们发现无法通过自由运作民主制度在政府中获得权力。例如，在 20 世纪 30 年代，为了控制政权，他们不得不在选举中舞弊并取缔激进党。② 激进党代表了中产阶级和大众阶层，因此在选举中获得了支持并得以轻松获胜。我们现在所探讨的时期，也使用了类似的策略，但这次的受害者是庇隆主义。

与阿根廷历史上的其他时期一样，资产阶级的强势阶层将商业组织作为其

① 这种情况与以下假设相矛盾：直到 20 世纪 80 年代初，在庇隆主义中，领导层与基层之间“没有显著的分歧”[Carlos Waisman, *Reversal of Development in Argentina: Postwar Counterrevolutionary Policies and Their Structural Consequences* (Princeton: Princeton University Press, 1987), p. 116]。

② 激进公民联盟成立于 1890 年，中产阶级一直是其主要选民。尽管在本书所分析的这段漫长的时期内，其名称经历了一系列变更，但我在本书中仍将其称为激进党。

政治行动的主要工具。他们利用这些组织向各级政府施压，将他们各自的诉求以及如何组织国家的社会和政治生活的看法强加于人。这种情况与资产阶级弱势群体的行动机会形成了鲜明对比。弱势群体经济实力有限，没有能够与大资产阶级竞争的商业组织。中小资产阶级在企业行动的影响力和施压方面完全处于被动地位。然而，由于各种力量之间可能存在民主相互作用的现象，这些群体能够在以中间阶层为基础的政党中找到自我表达的途径。因此，中小资产阶级可能通过选举制度掌权，这构成了一种威胁，从而加剧了资产阶级广大阶层的分歧。

通过大的企业组织开展政治活动的优势是造成本书所分析时期特有的有效政党代表性危机的一个因素。各种试图建立中右翼政党来代表经济实力较强阶层的诉求的行为，只会导致新的分裂。“庇隆主义”工人阶级通过一个不受权力精英认可的政党来表达自身利益，而关于如何统治该阶级的激烈争论引发了政党间的派系斗争及分裂。

1955—1966 年，关于上述统治方式有两种相互矛盾的观点。其中一种观点认为，唯一可行的解决方法是在政治体制中对工人阶级进行彻底压制。同时，他们还主张进行一场更为深刻的革命来消灭现有的全部政党，并逐渐产生新的力量，让选民根据不同选择形成两极分化。但这些选择将完全摆脱庇隆主义与反庇隆主义对立的束缚。在工会活动方面，这种观点敦促国家对工会进行严格控制，以压制劳工需求。

另一种观点则试图通过将工人阶级正式纳入决策过程来使其中立。为此，有人提议通过将工会“正常化”而非通过军事干预来控制工会。这包括将工会归还给工人，但庇隆主义激进分子必须与服从官方政策的极少数工会团体分享领导权。人们希望通过这种方式，在确保控制工人需求的同时，政府也能对庇隆主义的工会主义实现控制。同样，支持这种观点的人还赞成庇隆主义党通过支持另一个政党或政党联盟的方式间接参与选举。这样即便庇隆主义支持的政治力量在选举中获胜，这种参与方式也可以让政治诉求得到控制。

此外，第二种观点的支持者还鼓励与庇隆本人进行某种形式的谈判。这位年迈的领导人如同一个政治钟摆，从流亡回来后在两种观点中摇摆不定，从而加剧了两者之间的对抗。由于几乎所有政党中都有持这两种观点的党派人士，因此在这个问题上的党派纷争成了当时的常态。此外,这些分歧很快动摇了武装力量本身,导致了严重的对抗。[①] 这一时期所有政府的统治形式都是基于这两种观点,只不过在原本基础上略有差别并各有侧重。但这些努力均以失败告终,庇隆主义逐渐对统治体系的政治稳定构成了挑战。

这一时期先后出现的政党派系斗争表明,通过政党运作寻求社会共识是徒劳的。政党制度没有利用“普遍利益”来调和社会冲突,而是成为党派利益和不可调和利益的战场,这种党派危机导致了政治制度本身合法性的恶化。当然,这种合法性已经因为对庇隆主义的政治取缔而受到严重损害。事实上,这两种统治观点有一个共同点:将庇隆主义作为一种不同的政治力量并加以取缔。

1955 年庇隆主义政府垮台,导致其阶级联盟的解体。从那时起,庇隆主义基本代表了工人阶级的政治和经济利益。工人阶级作为唯一迫切要求回到过去的社会阶层,对庇隆主义的认同以及对分享权力和重新实施旧发展模式的渴望,解释了新执政阶级联盟的顽固立场。资本的积累在阶级和阶级阶层之间形成了一种张力,阻碍了分配主义发展模式的重新实施。工人们渴求更多的权力,而这些要求受到限制,这导致当时各级政府将任何自由开展的工会或政治活动都视为隐患。

与 20 世纪 30 年代一样,当时也有一个群体,他们的利益与统治精英的利益对立,但缺乏表达抗议的机构渠道。但是,在“臭名昭著的十年”中,这场冲突的倡导者一方是工人阶级和工业资产阶级中的中小阶层,另一方则是资产阶级掌权的庞大群体。20 世纪 60 年代末,冲突的阶级内容有所不同。工人阶级在与政权以及控制政权的阶级及其阶层的对抗中孤立无援,这对统治体系的存在构成挑战。

民主制度的相互作用使国家能够作为一个中立的机构为公众利益服务。但是,当这种制度的相互作用因为忽视了认同某一特定政党的重要群体而瓦解时,就会产生这样的情况,即国家似乎并不是为全体公民服务的中立机构,而是一个有着特定用途的、偏袒某一公民群体的机构。现在,政府特定政策的实施

---

① 例如,在 1962 年 9 月 18 日的武装对抗中,“蓝军”和“红军”这两个军队派别都反对庇隆主义党。前者试图将庇隆主义党纳入体制(因此自称为“合法主义者”);后者则推动新的军事政变,以消灭所有政党,从而排除庇隆主义党通过选举制度重新掌权的任何可能性。矛盾的是,蓝军领袖胡安·卡洛斯·翁加尼亚(Juan Carlos Ongania)将军后来在 1966 年的军事政变中掌权。

将不再被视为党派利益提前讨论后的结果，所有公民都可以参与讨论，并就如何组织社会生活自由发表意见。如今，国家仅仅成为控制权力资源者的工具。

因此，阿根廷政治体制运作的恶化导致体制的非法性现象不断增加，并为社会抗议的激进化创造了条件，而这种激进的社会抗议挑战了统治体系的根基。

应对危机的各种方法：阿根廷革命的“各个阶段”[①]

经济阶段：在权力结盟中解决霸权危机

1966 年的军事政变开启了一个新的政治阶段，其特点是寻求政治危机的深度解决方案，而这一解决方案将包括彻底改变主流权力关系。军方为自己保留了无限期的执政期限，提议通过解决资产阶级庞大群体之间的冲突来结束收入分配斗争，以支持工业部门的优势地位。

这次军事政变废除了阿图罗·伊利亚（Arturo Illia）博士的宪法政府。在庇隆主义被正式取缔的选举上，伊利亚获胜后上台执政。该届政府试图重新实施弱化版的分配主义模式，但受到了更强大的企业实体的压力以及呼吁提高工资和应该让各方参与选举的工人示威游行的遏制。伊利亚政府迟迟不愿采用高压统治解决社会矛盾，造成了权力和领导的“真空”状态。在这种情况下，一场更深入的革命的拥护者决定结束造成社会混乱的“形式合法性”。他们大笔一挥，解除了共和国总统和副总统、各省省长和副省长、国民议会、所有政党和最高法院成员的职务，并实施了《革命法典》（Statute of the Revolution）。

胡安·卡洛斯·翁加尼亚将军领导的政府试图结束通货膨胀并实现经济结构的现代化。货币稳定下的长期发展会基于“人力资源和经济资源从低生产

---

① 1966 年掌权的军事独裁政权被称为“阿根廷革命”。这一直延续到 1973 年，分为三个阶段——第一阶段由翁加尼亚将军领导，第二阶段是罗伯托·莱温斯顿（Roberto Levingston）将军领导，第三阶段由亚历杭德罗·奥古斯丁·拉努塞（Alejandro Agustin Lanusse）将军领导。最后一个阶段随着 1973 年的选举而结束。

率活动转移到高生产率活动的原则”①。要实现这一目标,需要大力推动引领性工业部门的发展,并采取一系列机制补贴这些部门的出口。与此同时,为防止因货币贬值而导致收入向农业部门转移,政府自 1955 年以来首次按照贬值率对出口农产品征税,并首次征收土地税,今后还计划对潜在租金征税。

由于货币贬值开始受到重视,大约 1970 年之前,相对价格一直保持平衡(见表 2.5)。翁加尼亚政府认为,货币稳定是发展资本化程度高、效率高的现代化工业社会的必要条件。实际上,其政策通过高关税保护和持续有力的税收和财政补贴制度,促进了资本较密集行业的发展,加强了工业集中化进程。

表 2.5　　相对价格:1966—1976 年全国非农业批发价格指数与农业批发价格指数的比率(1960=100)

1966 年	104.3
1967 年	103.4
1968 年	103.3
1969 年	100.3
1970 年	98.0
1971 年	90.3
1972 年	78.1
1973 年	83.5
1974 年	94.0
1975 年	118.4
1976 年	107.2

资料来源:CEPAL,*Precios,salarios y empleo en la Argentina:estadisticas economicas de corto plazo*. Estudios e informes(Buenos Aires,1987)。

政府采取了限制工资的政策(见表 2.3),不同于其他冻结工资的政策,这一政策对资本较密集行业和生产工资品行业的工人都不利。这一政策的出台伴随着对社会冲突的严厉镇压。

在政治领域,军政府试图通过拉拢工会领导来实现劳工遣散。为了解决如

① Presidencia de la Nacion,*Definiciones de political económica:Programa de acción para 1967*(Buenos Aires,1966),p. 12.

何将庇隆主义纳入体系的争议，政府采取了融合两种统治观点的策略。事实上，在下令废除所有现有政党的同时，政府为了进行更深入的革命，还制定了一项旨在拉拢工会领导人，特别是万多里斯莫(Vandorismo)的政策。

工会的主要领导成为军政府的特权对话者，作为交换，他们公开背弃庇隆的指示，放弃了为改善工人阶级经济状况的斗争。但是，工会领导放弃罢工和全国性停工，并扰乱具有斗志力的劳工活动家，只会引发劳工运动内部前所未有的激进化。面对不利于整个工人阶级的工资冻结政策，万多里斯塔进行了调和，与反对庇隆主义并煽动工会领导人放弃庇隆主义的军政府进行了公开对话，但这些都只会使劳工阶层对工会领导本身提出越来越危险的挑战。因此，工会精英们开始认同雇主的利益和军队的政策[①]，结果，一个全新的社会冲突时期出现了。

劳工阶层为推翻“官僚化”的工会领导而进行的斗争，成为将经济斗争政治化的纽带，并为革命计划在劳工运动中的兴起创造了条件。工会精英不仅没有将劳资冲突限制在交换和竞争的范围内，反而在很大程度上导致了制度体系合法性的恶化。

自 1966 年以来，各种现象表明了阿根廷出现了严重的政治危机。在工会领导参与到官方计划制订的同时，工会运动中出现了一种直接反对雇主、军方和工会高层领导的阶级主义倾向。虽然只有少数追随者，组织力量也很薄弱，但到 20 世纪 60 年代末，这一趋势已经具有足够的势头，吸纳了阿根廷内陆地区相当比例的工会领导层。[②]

1969 年标志着大规模暴力对抗时期的开始，当时内地城镇的人民奋起反抗军政府，要求结束经济和政治压迫。他们的诉求不计其数，劳工阶层和中产阶级共同发起了首次示威游行，他们对当前普遍存在的高压统治和缺乏发声的机构性渠道感到愤慨。这些示威的另一个显著特点是自发性和暴力倾向。在内陆的主要工业城市，劳资冲突也成倍增加。工业中享有特权行业的工人，特别是金属加工和汽车运输行业的工人，是发起这些冲突的主角。自发产生的骚乱

---

① 这一时期的政治斗争为工会精英与雇主利益和军政府的认同过程创造了一个新名词：“工会官僚主义。”

② 这种倾向被劳工总联合会的一些地区所接受，特别是科尔多瓦(Córdoba)地区(在国家级的重要性中排名第二)，随后反对劳工总会的全国领导层。

很快越过了工会领导人划定的界限，升级成为劳工阶层与工会老板之间的对抗。

社会抗议不断激进的同时，游击队开始用武力谋求权力，他们从古巴革命中汲取了灵感，推动了社会抗议的激进化。游击队对传统左翼甚至庇隆主义运动都不再抱有幻想，一些激进的群众已经动摇了现行统治体系的基础，而游击队为他们提供了另一条道路。

在这场政治危机下，庇隆主义因内化了社会冲突的新形式而获得了新意义。20 世纪 60 年代末，庇隆主义者分裂成了两个极其对立的派别。一方是军政府拉拢的工会官僚机构，试图控制运动，使其服从大型产业和权贵阶层的利益。另一方则是好斗的革命派，试图通过模糊的社会主义计划来巩固庇隆主义的根基。因此，庇隆主义逐渐与震撼全国的阶级斗争相融合，这两种对立倾向之间的对抗主导了政治局面。

到了 20 世纪 60 年代末，形势极为紧张，因为中产阶级的重要阶层同时开展动员反对政府，劳工运动由此变得激进。这些人因工资冻结政策而勃然大怒，又因资本集中化的影响而精疲力竭，他们的诉求更加强烈。由于缺乏表达抗议的机构性途径，并且权力的不合法性日益显著，部分中产阶级转而诉诸暴力。他们从一贯以来的冷漠、社会的解体和政治上的无动于衷中解脱出来，投身到劳工运动在国内引发的激烈冲突中。在其他情况下，他们鼓励暴力冲突，工人阶级之后也加入其中。此外，激进的中产阶级是游击队招募的主要对象。

虽然翁加尼亚政府试图迫使整个社会接受大工业利益集团的领导，但付出的代价是引发了一场全新的危机。当权联盟的霸权危机非但没有得到解决，反而引发了从属阶级向统治体系价值观和制度的挑战。这种挑战让从属阶级与主流意识形态在现实中决裂成为可能。

广大群众积极行动起来，提出了强烈的要求。这是一场名副其实的革命，因为统治体系无法融入这场混乱的运动。与 20 世纪 40 年代初的动荡不同，这场危机是在试图代表资本主义生产方式中的两个核心阶级——资产阶级与工人阶级——的政治力量激烈对抗的背景下发生的。在 20 世纪 30 年代末，这种冲突爆发的可能性导致军队中的一个派别鼓励在劳资和解的基础上建立阶级联盟。20 世纪 60 年代末，这场冲突的出现及其在政治舞台上的主导地位促使人们寻求新的“制度化”。一场权力危机，或“国家整体危机”已经出现，统治体系本身在不同层面和不同组织程度上，也遭到了质疑。

政治阶段：达成《国家大协议》

主要行动者之一亚历杭德罗·奥古斯丁·拉努塞将军对当时的局势做了如下描述：

> 我们的国家正处于过去百年历史中最关键的一个阶段。阿根廷的未来岌岌可危——无论是阿根廷孩子的命运，还是构成阿根廷社会特征并保障我们同胞自由和尊严的基本原则的沿袭。阿根廷再次卷入战争，军队上了战场，这是一个世纪以来的第一次。……但是，这场冲突并没有发生在常规战争的战场上，如今主要发生在人们的思想和心灵中，因此，人是这场斗争的基本目标。[①]

拉努塞接着表示，翁加尼亚之所以被推翻，是因为他“不可理喻地抵制某项政治计划的制订，而这项计划随着时间的推移将有可能以革命的方式产生民主”[②]。

1970 年 6 月，革命军政府任命阿根廷驻美洲防卫军政府代表罗伯托·莱温斯顿将军为政府首脑，新政府的主要目标是找到解决危机的政治方案。在这个军政府的短暂任期内，“深入式革命”的拥护者与希望在传统政党（包括庇隆主义者）的参与下找到政治解决方案的人们之间展开了激烈的斗争。两种统治观点之间的斗争再一次动摇了权力结构。

1971 年 3 月，内陆地区爆发了新的人民起义，这促使陆军总司令拉努塞将军直接掌权，国家总统首次兼任陆军总司令。这一变化开启了一个新的政治阶段，其基础是寻求达成共识，支持包括庇隆主义在内的政治解决方案。[③] 鉴于政治局势的危险性，人们认为与庇隆主义党达成协议是恢复政治制度合法性的唯一途径。因此，从这个时候开始，首要目标就是“使国家制度化”。这一协议意味着有必要将总体利益置于对立的特殊利益之上。该协议的主要倡导者认为，

---

① Address of General Agustin Lanusse，于 1971 年 1 月 7 日刊登在 *La Nación* 上。

② 同上。

③ Address of General Lanusse，*La Nación*，March 24，1971.

经济和政治权力脱节、派别之争以及统治体系无法融入庇隆主义，导致国家陷入了无益对抗的泥沼。特殊利益压倒了总体利益，阿根廷处于社会无政府状态的边缘。[①] 为挽救这种局面，新军政府提出了《国家大协议》(Grand National Accord)。拉努塞认为自己有义务解释清楚该协议的含义："《国家大协议》并不是以选举告终。它是一套政治解决方案，需要满足政治运作的条件，即这个国家的多数派毫无疑问必须尊重少数派。"[②]

阿根廷革命政府不会接受回到过去的选举解决方案，即纯粹重复 1946 年的庇隆主义试验。庇隆主义者参与选举的基本条件是，他们必须承诺尊重少数派的利益和少数派控制政府行政的权利。在政治和经济力量不对等的情况下，这一条件意味着当选党派承诺不破坏现行经济力量的基础。

除了有条件的政治解决方案外，《国家大协议》还试图缓和中间阶层民众的激进情绪，争取他们对政府的支持。为此，它采纳了这些阶层中两个更具代表性的组织的要求：经济总联合会(General Economic Confederation，GEC)和激进党。

最后，《国家大协议》还试图让劳工运动中立，并孤立庇隆主义的激进派，目的是防止庇隆主义运动解体，同时将其纳入制度体系。因此，政府与庇隆进行了复杂的谈判，希望赢得他对政治解决方案的支持，并促使他摒弃运动中更为激进的倾向。同时，由于新政府对庇隆的真实意图有所怀疑，因此必须阻止他竞选共和国总统。政府还试图通过培养工会领袖的政治独立性和拉拢庇隆主义的主要政治头目来削弱他个人对庇隆主义运动的领导。[③] 这是再次有庇隆主义党参与的政治解决方案，但庇隆主义者独立于庇隆本人的指令，因此更加配合且顺从。

庇隆与政府之间的谈判是在庇隆主义运动内部斗争加剧的背景下进行的，这场斗争通过无情地使用暴力得到了解决。就庇隆本人而言，为了保持对运动

---

① Address of General Lanusse，*La Nación*，July 1，1971.

② *La Nación*，June 9，1971.

③ 奥斯瓦尔多・帕拉迪诺(Osvaldo Paladino)是庇隆当时在阿根廷的特别代表，也是该运动在阿根廷的最高政治领导人。他试图在运动中巩固《国家大协议》，这一做法遭到了庇隆本人的谴责，并最终将他逐出了运动，由埃克托尔・坎波拉(Hector Cámpora)取而代之。此后不久，帕拉迪诺在 1973 年 3 月 11 日的选举中，反对庇隆党的方案，公开坚持更公开的官方主义总统方案。

的控制，并在选举中获得最大的回旋余地，这位老领袖从西班牙流亡回来后，就与庇隆主义的各个派系周旋，从而加剧了内部冲突。选举前的示威活动由支持更激进倾向的青年分子所领导，因而政治气氛不断升温，形势危险，另一场政变很可能一触即发。随着下属们越来越不安，拉努塞不得不声明：

> 阿根廷革命制造了近年来最引人注目的一个革命现象，它将[庇隆主义]纳入了国家面临的政治挑战之中，其基本条件是由多数派执政，同时持续尊重少数派，并承认他们有权控制政府的活动。①

除了煽动青年和威胁除非举行自由公开选举，否则就引发内战和社会混乱之外，庇隆还向军政府提出了《国家重组计划》(Plan for National Reconstruction)[或称《国家工程》(Project for the Country)]。该计划声称可以保证庇隆主义党接受《国家大协议》提出的条件，特别是少数派对多数派政府未来管理的控制权。庇隆在文件中还接受了军政府在事态紧急时提出的另一个条件，即武装部队未来的作用。这一作用除了在国家宪法规定的范围内适用，还包括参与"国家内阁、国家规划体系和国家重建任务"②。庇隆的这些决定促使拉努塞宣布：

> 我们应该非常清楚的是，自 1971 年 3 月 23 日武装部队重新执掌政治大权以来，(庇隆主义)提出的新思想一直是他们所要求的……该文件的表述方式，甚至其标题本身，就是对我们所推动的对话的回应。③

庇隆的这些决定引发了庇隆主义运动内部的一系列对抗，最终导致该运动在 1973 年庇隆主义赢得大选后落幕。

---

① *La Nación*, February 4, 1972.

② *La Nación*, March 10, 1972.

③ *La Nación*, October 7, 1972.

第三章

合法性危机爆发

庇隆主义重现

1966—1976 年间，阿根廷政府对经济进行了系统干预，旨在鼓励资本较密集的工业部门的发展，这种国家干预加剧了现行工业发展模式固有的结构性限制，再加上权力关系完全不同于 1946 年的政治环境，在这种情况下，庇隆主义党于 1973 年再次掌权。此届政府任期短暂，引发了社会冲突，表明当时无法重建最初产生庇隆主义的这一阶级联盟。

大工业资产阶级的优势

尽管存在诸多差异，但 1966—1976 年的历届执政政府都有一个共同点：推行以资本较密集的工业部门为主导的发展模式。尽管国家干预形式不同，但我将重点分析税收、财政和外汇政策的某些方面，以及这些政策对国家财政和资本积累的影响。

1955 年庇隆主义政府倒台后，工业发展继续面向国内市场，并享有高关税保护。分配主义发展模式的主要消费群体是工薪阶层。在新发展模式下，生产基本满足了公营和私营企业自身，以及最高收入阶层的需求。到 20 世纪 60 年代末，资本较密集的行业的产品开始面向国外市场。与其他情况相同，这一根本变化源自国家的干预。

通过各种免税措施，阿根廷鼓励这些引领工业发展的行业的出口，而与这些优惠政策对应的是农产品以及传统工业出口产品的各种税收大幅增加，但增幅总体较低。例如，在 1966 年，出口总值当中只有 35.8%需要支付出口关税，但在 1973 年这一比例上升到 73%。就食品而言，1966 年仅有 4.9%的出口值需要缴纳出口关税，但到 1973 年，这一比例就上升至 76%；在纺织品领域，需要缴纳出口关税的出口值占总出口值的比例从 1.2%上升至 77%。[①]

在对资本较密集行业生产的商品实行强有力的关税保护的同时，这些行业生产所需的进口商品也逐步免税。1966 年，矿物、塑材、金属和交通运输材料的进口关税占进口总额的比例分别为 24.3%、96%、57.8%和 54.8%；到 1973 年，这些比例分别下降至 4%、57%、21%和 8%。[②] 这些种类连同纸张、纸张衍生物和化学产品在 1966 年和 1973 年分别占进口总额的 56.7%和 69%。[③]

这项刺激工业新产品出口的政策实施规模之大，足以影响国家财政。如果将这些行业免税额的变化与国家海关总署总收入的增长进行比较，我们就会明白免除这些税额的意义所在：国家海关总署从 1966 年到 1972 年的固定年累计增长率为 8.2%，而工业新产品出口免税这一形式损失的总收入则以每年 19.8%的固定累计率增长。[④] 除了这些税收优惠外，这些工业产品的出口也免除了一系列国内税收，包括利润税、销售税、盈利活动税等。与此同时，阿根廷还建立了一个复杂的机制，通过有选择地提供高补贴利率信贷，来为非传统工业进口提供资金。1969—1972 年，这些信贷总额以 41%的固定年累计增长率增长。[⑤]

从 20 世纪 70 年代开始，外汇政策进行了调整，这极大地推动了特定工业部门的发展。为洽兑从各种产品出口中获得的外汇，当时建立了两个市场，即

---

① 国家统计和普查局(INDEC)，*Boletin estadistico trimestral* (Buenos Aires，1974)。

② 同上。

③ INDEC，*Comercio exterior argentino* (Buenos Aires，1974).

④ 数据由国家海关总署和税务总局提供，*Incidencia económica y financiera de ciertos incentivos a la exportación* (Buenos Aires，1975)。

⑤ 阿根廷国家银行(Administración Nacional de Aduanas)和阿根廷中央银行(BCRA)。

商业市场和金融市场，这两个市场采用不同的汇率。实际上，这种创新成为对引领性行业生产的另一种补贴。从升级工业品出口获得的外汇在金融市场上进行洽兑，其汇率实际上是商业市场有效汇率的两倍，而初级产品和传统工业产品出口所获取的大部分外汇，则必须在商业市场上进行洽兑。

由于资本较密集行业的发展严重依赖中间品和资本货物的进口，补贴这些行业发展的政策导致了进口量大幅增加。这大大得益于免税措施，这些措施免除了进口上述行业生产材料所需的税额。超额进口的趋势也人为地助长了进口的增长，而这一时期的汇率政策在某些时候又进一步助长了这一现象。

我们会在下文看到，通过补贴引领性行业的进口，外汇政策促进了它们的投机性积累，并造成了它们所生产商品的短缺和黑市交易。1966 年之前，货币贬值一直是鼓励收入向农业部门转移的主要机制。而现在，引领性行业生产的商品的短缺和黑市交易将成为主要机制，用来向工业资产阶级更强势阶层转移收入。在这些行业，资本高度集中，产品供应的垄断或寡头垄断以及它们对整个工业发展的战略重要性，都解释了为什么这些行业盛行的生产和竞争标准对工业和整个经济有决定性的影响。

这一时期进口的增加无法与出口的增加相平衡。并且正如预见的那样，补贴资本较密集行业的生产总体上对国家财政和外债造成了不利影响。免税额的年累计增长率是海关税收总额增长率的两倍以上(见表 3.1)。这一差异对该时期的公共财政产生了不利影响，并造成了年均 8.6%的国库财政失衡，1968—1970 年，占当时财政失衡的 1/3 以上，影响甚至更大。

表 3.1　1966—1974 年国家海关总署税收总额和海关审核的税单(退税、支付和退款)总额的年累计增长率

单位：%

	税收总额	总付款额
1966—1970 年	7.3	17.8
1970—1973 年	6.3	34.2
1973—1974 年	5.0	35.0
1966—1974 年	6.8	25.9

注：按 1960 年阿根廷比索作为不变值，根据国民生产总值中隐含的价格指数(按要素成本)计算。对于 1973 年和 1974 年，我使用了相应的 INDEC 批发价格指数。

资料来源：数据由国家海关总署和国家税务总局提供，*Incidencia economica y financiera de ciertos incentivos a la exportacion*(Buenos Aires，1975)。

在庇隆主义党执政期间，这类免税额占实物投资预算的 97.8%。[①] 因此，这些工业产品出口的补贴常常取代国家的生产性投资，这是阿根廷资本主义的典型特征。补贴成为鼓励资本积累的主要手段，这对国家财政产生了不利影响。例如，1969—1974 年，补贴对公共债务影响越来越大，从占还本付息比例的 20%上升至 30%。[②]

补贴政策刺激了工业引领性行业的发展，并产生了其他后果。一方面，这一政策大幅增加了进口，进口对于工业特权行业的运作是必不可少的，同时这也加剧了现行发展模式所特有的贸易平衡恶化的态势（见表 3.2）。另一方面，这一政策明显加剧了农业部门和工业部门之间的收入分配竞争。贸易赤字倾向和后来的外资部门的危机使农业部门能够保持对实施中的经济政策的否决权，并且货币贬值经常发生，使得农业部门的相对价格有所提高。然而，补贴政策巩固了大公司在工业战略行业的垄断地位，这些行业的商品短缺和黑市交易成为收入转移到工业资产阶级中强势阶层的有力武器。所以，考虑到某些工业产品的周期性贬值、短缺以及其黑市交易，农业部门和工业部门之间有计划地转移收入就成为常态。

表 3.2　　1966—1976 年贸易差额　　单位：百万美元

1966 年	469.1
1967 年	369.0
1968 年	198.6
1969 年	36.0
1970 年	79.2
1971 年	−127.7
1972 年	36.4
1973 年	1 036.5
1974 年	295.7

① 数据由国家海关总署和税务总局提供，*Incidencia económica y financiera de ciertos incentivos a la exportación* (Buenos Aires, 1975)，经济部，*Informe economico*, various years，阿根廷中央银行和 Contaduría General de La Nación，*Presupuesto Nacional*, several issues。

② 同上。

续表

1975 年	−985.3
1976 年	882.9

资料来源：CEPAL，*Precios*，*salarios y empleo en la Argentina*：*estadisticas económicas de corto plazo*. Estudios e informes(Buenos Aires，1983)。

翁加尼亚将军政府时期，一直奉行农业和工业之间的价格平衡政策，然而在拉努塞政府时期，农业部门的相对价格提高了。

在庇隆主义党执政时期，后一种情况发生了急剧逆转(见表 2.5)，因为在1973—1975 年，相对于农产品，工业品价格出现了大幅增长。1976 年 3 月政变之后，情况又发生了逆转。

从劳动力市场的发展来看，这一时期的经济政策强化了 20 世纪 60 年代初以来的某些趋势。1966—1973 年，工业工资持续冻结，生产率显著提高，这表明这一期间收入从劳动向资本转移。资本较密集行业的生产率显著提高，但生产工资品的大多数行业的生产率要么下降，要么增幅未能超过整体工业生产率。

这一时期的显著特点是资本较密集行业的实际工资和生产率的变化(见表 3.3)。由于实际工资普遍维持在 1966 年的水平，而生产率却大幅提高，使得这些行业的劳动力成本明显降低。事实上，如表 3.3 所示，资本较密集行业中劳动力的廉价程度远远高于整个工业。

表 3.3　　1966—1973 年工业部门某些行业的实际工资与生产率之比的年累计增长率(1960＝100)

粮食	1.53
烟草	−4.39
纺织品	−3.20
服装	1.61
皮革和生皮	−2.29
木材和软木材料	−3.20
家具和固定装置	−0.64
纸张及衍生物	−2.21
印刷和出版	4.53

续表

化工产品	−9.40
石油衍生产品	3.04
橡胶	−3.10
非金属矿物	−3.32
金属	−6.44
电子机械	−3.07
运输设备	−5.63
其他	1.14
合计	−2.79

注：以工业生产量与雇用工人数量之比计算的生产率。

资料来源：阿根廷共和国中央银行，Gerencia de investigaciones económicas: *Sistema de cuentas del producto e ingreso de la Argentina*（Buenos Aires，1975）。

工资冻结和生产率的大幅提高，导致越来越多的收入从劳动转向资本，这解释了为何这一时期工人的不满情绪日益增长。

这种发展战略创造了条件，使得劳资冲突逐渐占据了政治舞台的中心。与此同时，在资本较密集的行业，劳动力市场的特殊性也有助于解释劳动力冲突在这些行业中的关键作用。

主要社会冲突

庇隆主义党之所以能在 1973 年的选举中获胜，是因为该党提出了一项经济计划，类似于 1946—1955 年实行的分配主义模式。然而，1973 年上台的政府完整地保留了现行工业发展模式的主要特征。这一政策加剧了现有的社会冲突，并播下了国家恐怖主义的种子，这是一种新的社会现象。

价格—工资政策对阶级斗争的影响。经济政策一般由《国家承诺法》（Act of National Commitment）或《社会公约》（Social Agreement）发起，由企业组织、劳工总联合会和国家派出的代表签署。其目的是对价格和工资实行强有力的控制，以控制通货膨胀，但这些控制价格的措施大大提高了工业品的相对价格。

农业部门的政策产生了一系列影响：土地税增加了 209%；小麦的实际价值仅 1973 年 5 月和 6 月就下降了 27.7%；维持差异化的汇率由此严重阻碍了农

产品出口;农产品出口关税大幅上调;肉类价格降低。相对于工业价格来说,所有的这些措施共同导致了农产品价格下跌。

《社会公约》开启的价格管制持续时间非常短暂。管制实施后不久,就出现了当时的一个特定现象,即某些工业品的短缺和黑市交易,由于当时的外汇政策,这一现象变得异常重要。1974 年 1 月,国际油价上涨后,进口原料价格也随之飙升,对工业成本造成了严重影响,因此政府增加了对"严重短缺"工业原料进口的外汇补贴,以降低工业成本。几个月后,政府取消了对资本较密集行业所生产商品的价格管控,但依旧维持对农产品和传统工业品的价格控制。然而,甚至连这项措施都无法终结商品短缺或黑市交易现象。从 1975 年初开始,获补贴的工业进口品的投机性积累和稀缺性,以及由于欧洲共同市场关闭而出现的肉类出口下降,都对贸易平衡产生了不利影响,也导致了外资部门的危机。

1973 年的竞选中,庇隆主义党承诺重新分配收入以利于工薪阶层,提高他们在国民收入中的参与度。但实际上,《社会公约》是用来控制工人需求的。1972 年 5 月,拉努塞政府颁布了所谓的《基本宣言法》(Fundamental Declarative Law),宣布了宪法改革的必要性,并确定了选举日期。之后,选举开始前,政治活动就十分激烈了,与近代史上的其他情况一样,活动引发了失控的通货膨胀。工人是主要的受害者,从 1972 年 5 月到 1973 年 5 月,他们的平均工资下降了 11%。

图 3.1 埃克托尔·坎波拉(1973 年 5—10 月在任。图片来源:百度百科)

1973 年 6 月，庇隆主义政府上台，其采取的第一项措施就包括批准加薪。然而，与选举宣布之后的工资下降相比，这次工业平均工资只增长了微薄的 3%。不过，最低工资的增幅非常明显。到 1974 年 6 月，大多数工人的工资涨幅几乎消失。埃克托尔·坎波拉总统当时设置了 16%的行业平均工资增幅，但缩水至 2.3%。1974 年 7 月庇隆逝世，之后的几个月工资进一步普遍下降，所有行业的情况都是如此。到 1974 年 12 月，除最低工资外，所有工人的工资都低于 1972 年 5 月的水平，即低于选举开始前的水平。在庇隆主义政府执政的最后一年，工资相比之下再次大幅下调。[①]

这一时期，劳资冲突导致了生产率的下降，再加上《社会公约》倡议的加薪，扭转了实际工资与生产率比率的变化趋势。虽然对于整个工业而言，从 1966 年到 1973 年，这一比率每年累计下降 2.79%，但在庇隆主义政府短暂的任期内，每年累计则增长 5.18%。[②] 工业劳动力成本的相对增加与工人对预期的日益沮丧形成了鲜明对比。这一时期的工资增长未能缓解局势，工人们因自身要求得不到满足而举行示威游行，这已经成为当时的常态。在庇隆主义政府短暂的任期内，工会精英的公信力进一步下降，也日益丧失了对劳动力的控制。

政治危机：国家恐怖主义的起源。这一时期的工资政策是在工会精英的积极参与下制定的，他们控制着劳工总会甚至劳工部。在一场针对加薪承诺的竞选运动中，工会强硬派与庇隆主义激进派之间发生了暴力冲突，此后，这种工资政策将加深对抗，并引发新的社会冲突。

也许在庇隆主义政府短暂的执政期内，最重要的方面是爆发了示威游行，工人们提出了挑战官方政策总体目标的要求，并与工会精英发生了明显的冲突。这些示威活动的爆发，大体上源于政府未能如期兑现选举承诺和人民的期望落空，进而很快演变成暴力冲突。占用工厂、无期限罢工、劫持人质等事件变得越来越频繁。值得注意的是，几乎所有这些冲突的主要目标都是自由工会选举，以及承认由基层直接选举产生的内部委员会和代表机构。大多数情况下，

---

① 阿根廷中央银行，“Suplemento del Boletín Estadístico”（Buenos Aires，1975）。

② 生产率的计算方法是用工业生产的实物量除以制造业雇用的工人数量（1970 年＝100）。生产数据由拉丁美洲经济委员会（CEPAL）布宜诺斯艾利斯办事处提供。工资方面，按 1970 年价格计算的劳动者平均工资见 CEPAL，*Precios，salarios y empleo en la Argentina：estadisticas economicas de corto plazo*，in Estudios e informes（Buenos Aires，June 1983）。

这些机构代表和内部委员会与工会高层领导进行公开对抗。新的社会冲突与前一时期冲突的不同之处在于，前者的中心是布宜诺斯艾利斯的大工业带和阿根廷的主要工业城市。此外，最激烈的冲突爆发在最强大的工会中，特别是冶金和汽车运输业。也就是说，斗争领域恰恰是工会高层的领地。

这些冲突是在庇隆主义各种内部派别的矛盾和游击队活动纷扰的政治环境下发生的。1973 年大选获胜后，在庇隆的私人秘书何塞·洛佩斯·雷加(José Lopez Rega)的带领下，忠于工会高层的派系和庇隆主义右翼分子成立了武装队伍，目的是恐吓庇隆主义更为激进的派别。庇隆主义青年联盟和阿根廷反共联盟由此成立。这两个组织行动隐蔽，但能获得某些国家资源，他们对劳工积极分子和庇隆主义激进派进行野蛮镇压、绑架和谋杀。卧底"准警察"团体实际在国家保护下运作，他们会突然暴力镇压工厂中的冲突和街头示威游行。这种高压统治与武装部队打击游击队活动的行动并存。军队对可辨认的敌人开展军事行动，而"准警察"行动则控制着全国的街道，他们垄断了对劳工冲突的镇压。很快，这些镇压方式演变成了我们今天所知的惨无人道的国家恐怖主义。

政治局势的另一个特点是日益加剧的制度不稳定性。1973 年 3 月 11 日的选举标志着极度动荡时期的开始。当时社会矛盾正逐步冲击阿根廷社会，且在庇隆主义党内部反应激烈。庇隆主义右翼分子急于采用对自身有利的方式加以解决，便毫不犹豫地违反了自由选举所确立的制度合法性。

事实上，从选举结果揭晓的那一刻起，为了更好地控制各种国家机构，该运动的左右翼之间的暴力冲突就愈演愈烈。工会领袖和庇隆主义右翼发动了暴力反攻，坎波拉总统及其内阁不得不在短短 50 天后辞职。1973 年 6 月 20 日，庇隆回国后，爆发了暴力事件，随后他又亲自领导了这场反攻。

政府突然开除了任何有激进主义政治倾向的人，但这种反攻的形式非但没有解决政治危机，反而进一步削弱了制度的合法性。一个主要反对党的主席弗朗西斯科·马里克(Francisco Manrique)如是说："国家的三个最高级别的权威人物如提线木偶般被简单地拉下了舞台。"[①]他指的是总统埃克托尔·坎波拉、副总统索拉诺·利马(Solano Lima)和参议院议长的辞职，他们三人的辞职使

---

① *La Nación*, August 3, 1973.

得庇隆主义极端右翼因此可以控制即将举行的选举，让庇隆成为共和国总统，他的妻子伊莎贝尔·庇隆(Isabel Perón)成为副总统。随着三位国家最高政要被推翻，在1973年10月大选之前，一直由洛佩斯·雷加的女婿、众议院议长劳尔·拉斯蒂里(Raúl Lastiri)担任共和国总统。

庇隆担任总统期间，清除"渗透者"的运动愈演愈烈。全国主要省份的省长们在受到了各种阴谋和压力之后，被迫辞职，接替他们的副省长来自工会。科尔多瓦(Córdoba)的情况最为严重，它是全国最激进的省份。它从一开始就提出了一个似乎无法解决的问题：该省的省长和来自工会的副省长都是庇隆主义著名的左翼领袖。相较于对政治领袖兼省长奥布雷贡·卡诺(Obregon Cano)的恐惧，庇隆主义右翼对工会领袖兼副省长阿蒂利奥·洛佩斯(Atilio Lopez)的恐惧有过之而无不及。因此，用后者来取代前者是没有意义的。解决这一问题的新策略就是"警察政变"。1974年2月27日，警察局局长安东尼奥·纳瓦罗(Antonio Navarro)中校在警察和准警察团体的支持下，领导了一场武装暴动并推翻了两位省级最高官员。阿根廷政府在近一周的时间里没有对此采取任何行动，然后任命了洛佩斯·雷加的一名公认的追随者担任省审计长一职。

在这场政变的余波中，武装平民团体恐吓民众，杀害或绑架劳工活动分子和庇隆主义政治家。同样，工会精英们通过一次虚假的代表大会，将代表科尔多瓦工会主体的好斗的阶级歧视者排除在外，从而"正常化"了劳工总会的科尔多瓦分会。通过这种方式，一个忠诚于工会领袖的工会领导团队被安插到了劳工总会的一个地区分会，而该分会多年来一直是工人挑战工会精英的先锋。

除了违反这些制度合法性的行为外，政府还支持在全国各地活动的准警察组织。在众多的场合，共和国总统本人不得不多次使用各种委婉的措辞，呼吁需要"法律之外的制裁"。当改革刑法典的计划在其自己的政党内部受到严厉批评时，庇隆总统不得不公开宣布：

> 如果我们不能依靠法律，那就必须行动起来，或像他们一样直接采取制裁措施。……如果我们没有法律，那就另寻他法，并且可以确定的是，如果我们被迫以暴制暴，那就要不惜一切代价，用更多的手段来镇压暴力……我们会根据实际需要，采取各种手段来开展行动。如

果没有法律，那我们就不会受到法律的约束，可以用暴力的方式行事。[①]

在法律最终通过之前，庇隆执行了其宣言，政府确实采取了非法行动，以粉碎任何形式的质疑和挑战。

就这样，执政党逐渐在各种情况下利用国家机构，违背了文明社会最基本的价值观。这种高压统治不仅取代了通过协商达成共识的方式，而且使国家及其制度在道德上的可尊敬性荡然无存。此外，动用国家机构镇压庇隆党党内斗争只会越来越模糊执政党与国家之间的界限。

面对工人日益高涨的期望和要求，庇隆政府把高压统治作为解决社会冲突的唯一机制。面对工会自由选举和改善工作条件的诉求，政府通过了一系列法律，其目的是巩固工会领导的权力，并以严厉的制裁来惩罚劳资冲突。例如，《行业协会法》(Professional Associations Law)的改革将工会最高职位的任期延长了一倍，召集大会所需会员比例提高了一倍，全会和代表大会的次数减少到了每两年一次，认可了现行选举方法(尽管该方法曾受到工会普通成员的严重质疑)，改革还排除了普通成员直接参与工会最高职位选举的可能性。与此同时，刑法改革不仅加重了对与游击队活动有关的罪行的处罚力度，还禁止工会内部基层组织的活动以及超出工会高层官员指示的罢工行为。根据这项法律，反对工会精英的活动分子或基层组织若发起罢工，最高可判处 4 年监禁。对庇隆主义政府来说，基层工人不服从命令的后果堪比游击队活动所造成的危险。

商界对官方政策支持的崩塌。最初，这一时期的经济政策得到了所有商业组织的支持，并由经济总联合会负责管理。但很快，它就被强大的阿根廷工业联盟所控制。《社会公约》签署几天后，阿根廷工业联盟便自愿降低了全国 200 家大企业生产的商品价格，作为“工业对国家重建这项伟大任务的贡献”[②]。经济计划一经公布，联盟负责人就兴高采烈地宣布：“这就好像是我们自己提出来的一样。”[③]

---

① The daily, Clarín, January 23, 1974.

② *El Cronista Comercial*, May 14, 1974.

③ The daily, *La Razón*, April 26, 1973.

随后，联盟启动了与经济联合会中代表工业的团体——工业总联合会——的合并进程，并于 1974 年初完成了合并。这样一来，联盟中的旧领导们就在经济总联合会的理事会中占据了绝对优势。不久之后，一个代表工业界的新实体——阿根廷工业联合会(AIC)——要求放松价格政策，以便“将进口材料增加的成本立即转移到所有部门，从而更公平地分摊进口通货膨胀所造成的影响”[①]。这一措施是为了使资本较密集的工业部门的行业生产所需的进口材料的成本“社会化”。当商务部采取相应措施时，联合会承认“第 78/74 号和第 918/74 号决议表明[我们的]成员积极干预了这一新措施的实施”[②]。现在，这些措施导致对资本较密集行业所用材料的进口补贴，以及对其出口补贴的大幅增加。

与前一年同期相比，1974 年的前 4 个月按不变价值计算，对扶持产业的出口补贴增加了 151%，这些补贴占传统产业出口税累计资金的 52.2%。1973 年前 4 个月，这一比例仅为 24.2%。[③]

某些工业进口品的补贴非但没有达到预期的效果，反而造成更严重的短缺和黑市交易现象，从而导致收入大量转移到工业部门，并遭到几乎所有商业部门的愤怒反对。1974 年 3 月，强大的阿根廷贸易协会声称，官方的意图是让商业“承担补贴所带来的负担，而补贴本应由所有行业共同分担”。抗议仍在继续：

> 工业部门决定了所采取的手段，尽管其意识到了困扰自身的问题，但它无法取代商界的真实声音……如果商界必须做出牺牲，那应该由商界而非他人来决定补贴的量和质。[④]

就在政府与农村组织之间的对抗愈演愈烈的时候，商界却提出了反对意见。与其他商业组织一样，农村组织起初支持《社会公约》，但很快就变成了公开对抗。造成冲突的原因是多方面的，其中包括税收和价格政策，以及商界缺乏决策参与度。

---

① *La Opinión*, August 21, 1973.

② *El Cronista Comercial*, April 27, 1974.

③ *El Cronista Comerical*, October 21, 1974.

④ *Claín*, May 24, 1974.

到 1974 年 5 月，几乎所有的商业组织，无论是农场还是商贸组织，都在公开挑战一项经济政策，该政策似乎是由阿根廷工业联合会专门为工业部门的某些行业谋取利益所制定的。在商业骚动、工人冲突失控以及庇隆主义内部对抗等政治环境已经达到白热化的情况下，庇隆总统采取了极端措施以遏制反抗，重建资产阶级共识。他于 6 月 12 日向全国发表讲话，谴责“少数侏儒教派的精神行为和蓄意破坏”所引发的社会动荡。他认为所有质疑《社会公约》的人——无论是企业家还是工人——以及那些指责政府公司化的人都参与了这项运动。① 面对这种情况，“如果没有那些投票支持我的人的大力支持，以及那些没投我票但自此表现出极大的理解和责任感的人给予的宽容，我想我不愿继续执政，而且还会支持那些能够比我做得更好的人来执政”②。

图 3.2　伊莎贝尔·庇隆(胡安·庇隆的第三任妻子。胡安·庇隆去世后，接任阿根廷总统。图片来源：百度百科)

庇隆威胁要辞去共和国总统职务，这顿时让事情变得戏剧化，并引发了民众声援旧领导人的重要行动。然而几天后，庇隆去世，这场政治戏剧愈演愈烈。当人们送别老领袖庇隆时，伊莎贝尔·庇隆则接过了阿根廷最高统治者的“衣钵”。她的继任巩固了洛佩斯·雷加派在政府中的影响力，但右翼的内斗第一

---

① 暗指对政党，尤其是激进党的批评。

② *La Razón*, June 12, 1974.

次占据了政治舞台的中心位置。庇隆是凝聚统治精英的重要力量,他的去世让工会领导们逐渐陷入了与洛佩斯·雷加派对政治权力的激烈争夺中。与此同时,政治腐败愈演愈烈,揭露商业交易丑闻成为时代潮流。在政治危机尚未解决的情况下,执政精英的公信力日益丧失,这为 1976 年的军事政变奠定了基础。

国家重组进程中的经济政策

在阿根廷政治史上,1976 年 3 月的军事政变标志着一个新时代的开始。与 20 世纪其他政变一样,它消灭了各种政治和工会活动。但与其他类似运动不同的是,它开启了该国历史上闻所未闻的恐怖统治,现被称作国家恐怖主义。凭借对权力的垄断和对国家机构的控制,武装部队享有免罪权,其组织了一个秘密机构,宗旨是将那些被视为"西方基督教文明"仇敌的人消灭干净。该组织完全由无法无天的平民和各种国家镇压机关的成员组成,暗中运作,有计划、有步骤地侵犯了最基本的人权。

价值观解体的另一个征兆是,这种系统性地组织集体犯罪被称为"国家重组进程"①。该进程的活动不仅违反了阿根廷的宪法和法律,甚至还违反了新军政府本身的镇压法令。例如,尽管军政府颁布了死刑,但没有任何政治犯被正式处决。反之,这些政治犯消失得无影无踪,以逃避处决他们的公共责任。超过 30 000 人消失了,在秘密集中营被暗中绑架和遭受酷刑。军政府打着"自由、家庭和西方基督教文明"的旗号,实施酷刑、绑架、设置秘密集中营、在精神和肉体上摧毁整个家庭、当着子女的面折磨父母和当着父母的面折磨子女、掠夺并随后变卖受害者的财物,这些都是家常便饭。这表明阿根廷社会的主流价值观已经到了分崩离析的程度。制度体系的信誉危机已不再是激进阶层的遗留问题。随着这一地狱般的国家机器的诞生,权力精英们表明制度合法性危机正在侵蚀阿根廷统治阶级本身。

这种新的镇压组织为这一时期的另一个特有现象——武装部队中的不服从命令——埋下了伏笔。整个时期都充斥着军队各派系之间的斗争,随着政治

---

① 从此处起,我将这一政权体系称为"国家重组进程"。

动荡的加剧，斗争也愈演愈烈。这种派系对抗的一个表现就是国家结构的细微分割，而国家结构从一开始就沦为了武装部队各派系的领地。这种状况只会为各派系之间的权力纷争创造有利的框架，而这种纷争又会削弱政府想要强加给社会的结构改革。

经济政策目标

国家重组进程的独创性并不仅仅是创造了新型的镇压制度。该时期军政府的另一个显著特点是，它打算通过大幅改变现行的经济规则来改变权力关系。“巨大的权力真空”和政治混乱给重组进程提供了理据，而政治混乱的原因不只是不和谐，也有结构性的因素。归根结底其原因在于当时的发展模式鼓励资本和劳动以及各生产部门之间进行收入分配的竞争。

据新任经济部长何塞·A. 马丁内斯·德霍斯(José A. Martinez de Hoz)所言：“每个部门自身状况的改善都是以其他部门的牺牲为代价的，无论是企业牺牲工人还是工人牺牲企业，无论是工业牺牲农业还是农业牺牲工业，都是轮番进行……我们一直在一个部门受益而另一个部门受损之间摇摆。”[①]某种复杂的补贴机制的长期存在是生产部门之间不和谐的主要原因，也是导致经济萎靡的一个因素。

> 自 1930 年以来，除短暂的喘息阶段外，我们的政府一直奉行操纵汇率、出口关税或税收的政策，或同时操纵。这种政策只会扭曲经济，为某一部门的增长提供资金，但牺牲了没有顾及的其他部门的利益，东一榔头西一棒槌。[②]

新政府认为，从 20 世纪 40 年代以来推行的经济政策可以在风格或程度上加以区分，但性质上无法区分。[③] 这些政策的基础是某些压力集团的影响不断变化，其结果是生产停滞、通货膨胀和对外资部门的扼杀。为了结束这种状况，政府提议修改经济规则，从而改变经济结构。[④]

---

① *La Nación*, April 3, 1976.

② J. A. Martinez de Hoz，引自 *La Nación*, September 13, 1978。

③ 商务部长 Alejandro Estrada 的讲话，引自 *La Nación*, August 16, 1978。

④ 商务部长 Estrada 的讲话，*La Nación*, May 5 and April 8, 1978。

基于对形势的判断，新政府为自身设定了以下目标：第一，通过大幅降低实际工资和提高工人生产率来提高企业盈利能力，从而调整资本和劳动之间的关系。第二，追求农业与工业的协调发展，剥夺工业获得的特权，恢复农业失去的经济权力。第三，通过大幅集中收入，重构工业部门的业务关系，以提高该部门的效率。第四，政府希望通过促进经济力量大集中和增强新的社会角色——金融资本——的经济和政治力量来巩固各资本阶层的至高地位。最后这一举措将刺激新"经济集团"的发展，从而将以前分散在各生产部门的经济利益集中起来。

这些都是军政府经济政策的战略目标。正如我们目前看到的那样，军政府为实现这些目标而采取的手段引起了广大商界的强烈反对，随后他们破坏了国家重组进程。尽管如此，政府还是成功地大幅改变了现行的权力关系，并重构了经济结构，这一切依然成为阿根廷巩固民主的一大主要障碍。

采取措施

劳资关系变化。新军政府的第一批措施包括大幅降低实际工资，实际工资在政变后几个月内下降了 45%。如此之大的降幅使得经济部长认为，这成功地消除了工资作为未来通胀因素的影响。① 但他没有勇气承认，为了实现这一目标，国家重组进程不得不绑架、折磨大量工人并致其死亡。事实上，根据劳尔·阿方辛(Raúl Alfonsin)总统于 1984 年成立的全国失踪人员委员会统计，登记的 8 960 起案件中，工人占 30.2%。②

针对劳工运动的经济和政治压迫不仅大幅降低了工资水平，还成功地将工人阶级排除在政治舞台之外。与上一个 10 年形成鲜明对比的是，国家重组进程期间的特点是几乎完全没有劳工抗议。工会领导人消失、工会解体、政党消失，从此工人阶级失去了提出自己诉求的政治途径。经济和政治上的压制，让政府成功地极大改变了资本和劳动之间的关系。

如前文所述，由于庇隆主义党执政期间实施了强有力的就业措施，生产率和实际工资的不平衡发展极大地改变了过去 10 年中两者的普遍比率。1976 年

---

① *La Nación*, June 2, 1976.

② 全国失踪人员委员会(CONADEP)，*Nunca mas* (Buenos Aires: Eudeba, 1984)。

的军事政变扭转了这一局面：不到一年，实际工资下降了 32%以上。从那时到 1983 年，这一增长率几乎为零，年累计增长率为 0.23%。1976—1983 年，生产率年累计增长率为 4.97%，使得这一期间的实际工资与生产率之比骤然下降，其年累计比率为 4.57%。[①] 尽管发生了这种逆转，但通货膨胀并没有消失。恰恰相反，这成了军政府的致命弱点。

一般认为，从历史上看，工资诉求是导致通货膨胀螺旋式上升的主要因素。我们所分析的这一时期的有趣之处在于，工人的诉求受到史无前例地控制，但通货膨胀依然存在，而且速度相当快。通货膨胀持续的原因是，商业阶层之间为占有更大比例的收入进行了激烈斗争。

寻求商业阶层的和谐。工人阶级从政治舞台上消失，政府经济工作组将反通胀的全部重心放在了另一个社会角色上，认为通胀应由工业部门的企业负责。政府认为：

> 价格从来不是一系列公司可以自主决定的一个数据。阿根廷的经济制度是以保护发展需要为基础的保护主义概念，最终不仅保护了工业发展，也维持了价格决定权。[②]

因此，官方认为，关税保护使某些公司有参与定价的机会，而这种垄断性的价格控制却制约了其余行业的产值，并阻碍了对通货膨胀的控制。有一种复杂的补贴机制使这种价格控制成为可能，这一机制的目的是将收入转移到工业部门。

为了改变这一状况，军政府建议实现农业和工业之间更加“和谐”的发展，其途径是剥夺工业已有的特权，把经济权力还给农业。要想实现这一目标，首先就要消除差别汇率，这也意味着取消某些工业部门进出口的相应的实际补贴。此外，要抑制资本较密集的工业部门某些行业的免税政策，还要取消农产品出口税以及对这些产品造成特殊负担的特殊汇率，并且农业部门实现了之前

① 生产率的计算方法是用工业生产的实物量除以制造业雇用的工人数量(1970 年＝100)。生产数据由拉丁美洲经济委员会(CEPAL)布宜诺斯艾利斯办事处提供。工资方面，按 1970 年价格计算的劳动者平均工资见 CEPAL，*Precios*，*salarios y empleo en la Argentina*：*estadisticas economicas de corto plazo*，in Estudios e informes(Buenos Aires，June 1983)。

② 商务部长 Estrada 的讲话，引自 *La Nación*，September 16，1977。

的一个愿望，即产品价格自由。

这些措施使得农产品价格快速提高，但通货膨胀并没有像政府希望的那样消失。尽管实际工资大幅下降，进一步降低了工业产出的成本，但1976年底，工业部门的主要企业仍在贯彻原来的做法：通过积累库存和黑市活动，设法攫取更大比例的利润。经济部长徒劳地抱怨"那些混淆视听、违规操作的人"[①]，敦促这些人接受新的游戏规则、积极产出，而非投机倒把。[②]

由于通货膨胀进程明显失控，工业产品短缺和黑市投机现象持续存在，政府采取了另一种措施，提出对大型公司实行120天价格冻结，并在此期间与其谈判未来的关税和价格政策。价格冻结结束时，政府面对再次失控的物价，宣布立即实行关税改革，并于1977年6月推出了一项重大的财政改革来兑现自己的承诺。

关税改革的目的是让价格低于国内产品的进口产品充斥国内市场，从而迫使工业部门的企业降低价格、提高效率。实际上，这一措施要求提高资本集中度，从而淘汰在高关税保护下蓬勃发展的中小型企业。

1977年6月的金融改革包括下放银行存款、解除利率控制以及颁布法律以控制金融实体，从而实现各种目标。短期内，金融改革有望成为控制通货膨胀的工具：取消补贴信贷，从而阻碍主要工业产品的库存积累和黑市的出现。这一改革通过向金融部门强力转移收入，继而不断提高整体经济集中度，以期增强金融资本这一新的社会角色的经济和政治力量。

尽管实行了关税和金融改革，但到1978年底，政府仍无法阻止某些工业部门进行价格垄断。经济部长很清楚责任在哪里：

> 在这种情况下，任何经济或金融方面的考虑都无法为每月6%左右的通胀率提供理由，私营部门一次又一次地试图让时光倒流，要求国家提供更多的援助但自己并不努力，或者只是希望将责任转嫁到其他的人或团体上去。这表明社会完全缺乏团结和对国家重组进程的理解。[③]

---

① *La Nación*, November 11, 1976.

② *La Nación*, December 20, 1976.

③ *La Nación*, October 11, 1978.

为控制这一局面,政府于 1978 年 11 月全面实施了关税改革。政府决定惩戒那些破坏价格政策的行业,毫不犹豫地违反了最初为实施这项改革而设定的宽限期。12 月,政府修改了汇率政策,引入了有计划地提高汇率的制度,使其始终低于国内通胀率。通过这一汇率改革,1980 年底比索对美元的实际价值比 1977 年高出 40%。

经济政策的影响

正如人们所料,1977 年的金融改革使得收入从社会其他部门向金融部门急剧转移,金融部门分裂加剧,资本高度集中。事实上,由于 1977 年 6 月采取的措施,国内市场的实际利率大幅上升。经济部长马丁内斯·德霍斯任职期间,这一增幅大于国际金融市场实际利率的增幅。与此同时,这一差额处于国际市场最高水平。这些现象共同吸引了大量外资流入,并促进了收入从生产部门向金融部门转移。

官方担保所有银行存款、中央银行缺乏监管以及金融部门获得的巨额利润,都说明了金融部门过度扩张的原因。尽管金融实体的数量大幅增加,资本却高度集中。到 1982 年底,13%的商业银行控制了 68%的总资本和 65%的贷款总额。[①] 金融活动的发展条件使得金融资本的所有领域都有可能获得丰厚的利润。规模较小的银行之所以能够生存,是因为官方给所有存款提供了担保,利率始终对存款不利,而对贷款有利,而且官方认可将巨额利差的成本转嫁给存款者和贷款者。小银行与大银行并存,同时为获得更多被大量转移到金融部门的利润份额展开了激烈的竞争。

金融市场的强势分割以各种金融实体获得外国信贷的能力强弱为基础,因为外国利率与国内利率之间存在差异,使得那些能够以较低利率获得外国信贷的金融实体可以在国内金融市场上实现利润最大化。因此,出现了明显的分化:一边是能够进入国内和国际金融市场的银行和金融实体,另一边是只能进入国内市场的银行和金融实体。

---

① 除非另有说明,本章其余部分的所有统计数据均来自世界银行,*Economic Memorandum on Argentina* (Washington,D. C. ,1983,1984)或世界银行,*Argentina*,*Special Report*: *Private Sector Impact of the 1976—1980 Economic Program* (Washington,D. C. ,1982)。

前者的客户是与国外有联系的大公司，后者的成员则为了竞争提供了更高的利率。这一政策加之其客户多为高风险公司，使这一领域成为官方经济计划中最脆弱的部分。事实上，正如我们现在所看到的，第二类金融实体在瓦解这一进程中发挥了重要作用。然而，20 世纪 80 年代初以前，金融市场的特点让金融资本的这两大群体能够在高度投机的氛围中共存，从而使所有的金融实体都能获取丰厚的利润。

这些正在实施的政策对工业贸易的不同领域产生了影响，关税改革给工业内部带来了新的分化原则，一部分原因是该改革没有在整个工业中均衡实施，这与经济部长的说法相反。一方面，生产基本中间品的少数核心行业在我们所分析的整个时期一直保持着高关税保护。这一类群体一般包括容易获得外国信贷的大公司，其产出、生产率和销售利润率都有所提高。另一方面，另一类群体由绝大多数工业部门的行业组成，越来越多地受到进口产品的冲击，产量、投资和销售利润率都有所下降。这类群体主要由那些几乎无法获得较低利率的外国信贷的公司构成。工业部门的所有行业的一个共同趋势是，工人就业率下降而生产率却大幅提高。

该时期政策的另一后果是，资本密集型工业部门的急剧重组。一个拥有极高特权的核心群体出现了，该群体基本上由五个行业组成——工业化工产品、石油精炼、非金属矿物、钢铁和有色金属，它们生产对整个工业至关重要的中间品，这一核心领域在总产值中所占的份额从 1975 年的 27.6%增加到 1982 年的 33.5%。资本较密集的行业之间存在差距，其主要原因是，对享有特权的核心行业维持高关税保护和一系列补贴，但对其余行业的关税保护和补贴越来越少。

在 20 世纪 70 年代初，生产资本品的行业享受最高限度的保护，生产中间品和耐用消费品的行业次之。然而，国家重组进程的改革措施扭转了这一局面。名义保护性关税从 1969 年的平均 57%增长到 1976 年的 98%，1977 年下降到 37%。资本品(电机除外)和其他耐用及非耐用消费品的降幅甚至更大。然而，一系列具有战略意义的中间品(以及纺织和服装行业)继续受到高度保护。[①] 因此，资本较密集行业内部出现了净分化，并出现了中央核心，能保持并

---

① 世界银行，*Argentina*：*Industrial Sector Study* (Washington，D.C.，April 11，1988)。

重申其前几年所拥有的特权。

关税改革的另一个后果是，一些特定企业对这些资本较密集行业的寡头垄断日益加剧，其中大多数企业与外国资本有各种联系。1977 年军政府颁布了促进工业投资的法令，从而刺激了这一过程，因为这一政策允许利用鼓励工业投资的措施，通过刺激某些企业的纵向和横向一体化来增强其寡头垄断力量。公司合并与收购不仅可以防止新资本进入某些领域，还可以保护公司免受需求波动的影响。激励措施通常用来促进对本国具有相对优势的生产领域的新的工业投资，现在则成了生产中间品的特定公司的工具，这些公司不仅要加强其在市场上的寡头垄断地位，还要实现纵向和横向一体化，并组成经济集团。[①]

所分析时期的工业贸易界各阶层演变的决定性因素，也许是其在国内金融体系中的地位及其进入国际金融市场的程度。从 20 世纪 60 年代初到 1976 年，补贴信贷政策一直盛行，其结果之一就是私人银行和工业部门受扶持行业的本地化公司建立了紧密的联系。补贴信贷的主要受益者是与信贷机构有联系的大型企业。工业部门引领性行业的大公司与私人银行之间的所有权重叠，说明了为什么这些业务主要集中在资本较密集的行业的公司，能更好地利用 1977 年金融改革带来的新条件。与此同时，商界的这一阶层很容易进入国际金融市场，这加强了其特权地位。1976 年军事政变之前，那些与金融资本几乎没有任何联系的企业的唯一生存希望，就是能够组建由国内私人银行控制的经济集团。

因此，数量惊人的集团公开争夺金融部门获得的资源，出现了明显的两极分化。一方是更强大的经济集团，能获得外国信贷，并与大公司有联系，这些大公司控制着受高关税保护和各种财政补贴的工业部门的行业。另一方是由国家银行控制的经济集团，很少或根本无法进入国际市场。后一类总体上由纵向和横向一体化程度不高的公司组成，承担着外汇和关税政策的重担。获得更廉价的外国信贷、继续享有关税保护特权和现有的各种财政补贴是资本集中的决定性因素。与此同时，资本在某些行业的进一步集中使一些公司能继续保持其决定价格的能力。[②]

---

① 世界银行，*Argentina*：*Industrial Sector Study*（Washington，D. C.，April 11，1988）。

② 同上。

这些行业实施的价格政策仍受关税保护，逐渐有别于更容易受到外国竞争影响的行业所实行的价格政策。1979 年前，受进口产品竞争影响的行业和仍然受保护的行业在价格上涨方面都表现出类似的行为。然而，从 1979 年开始，情况发生了变化。1979—1980 年，与进口产品竞争的集团的价格上涨了 60%左右，但仍受关税保护的行业的价格上涨了约 90%。此外，在马丁内斯·德霍斯时期，进口工业品的价格增幅低于本国制造品的价格增幅（见表 3.4）。

表 3.4　　1976—1983 年相对批发价格（1960＝100）

	全国非农业/农业价格	全国非农业/进口非农业价格
1976 年	107.1	50.6
1977 年	100.3	55.2
1978 年	106.5	80.5
1979 年	107.1	105.8
1980 年	119.2	109.4
1981 年	130.4	90.1
1982 年	111.0	63.2
1983 年	107.6	66.6

资料来源：CEPAL，*Precios，salarios y empleo en la Argentina*：*Estadisticas económicas de corto plazo*. Estudios e informes（Buenos Aires，June 1983）。

在农业领域，官方政策产生了自相矛盾的效果。在军政府执政的第一年，消除农产品出口负担和减轻官方对农产品的价格压力，提高了该领域的相对价格。然而，金融改革对这一部门产生了影响，特别是与金融体系没有联系的中小型农业企业。虽然农产品价格有所提高，但从未超过国际价格，而这正是该部门的夙愿。此外，农产品相对于工业品价格的提高持续时间很短。1978—1979 年，国内工业品价格的涨幅比农产品价格的涨幅高出 10%；1980 年，这一差额达 20%。

1976—1982 年，国内工业产品价格的增速超过了进口产品价格的增速，相对于进口工业产品价格和农产品价格，其 1980 年的价格高于 1970 年。如果考虑到当时实行的高关税保护和价格控制政策，我们就可以了解官方政策在价格领域的失败程度。这一政策把定价权集中在受到更多限制但更强大的公司集团手中。这样一来,国家重组进程就无法控制工业的投机行为和其对通货膨胀螺旋式上升的影响。这些行业生产的产品性质意味着其价格上涨会转移到其他行业,从而影响到整个经济。

国家重组进程的不稳定性

由于政府采取的措施,20 世纪 80 年代初彻底充斥着各经济集团之间的对抗。斗争已经打响,甚至开始主导政治局势,其目的是抢占大规模转移到金融部门的更多收入份额。

金融投机行为和外汇政策对出口产出的影响,使政府逐渐失去了重要社会部门,特别是农村的支持。此外,受到进口商品竞争威胁的商业部门一再提出要求,同时弱势经济集团的反对声也日益高涨。经济集团之间发生了对抗,而武装部队各派别之间的斗争则把政治局势推向了白热化的程度,为争夺更大的政治权力份额,且因为共和国即将产生新总统,这种斗争愈演愈烈。

根据 1976 年军方掌权时的最初承诺,另一名军官将于 1981 年 3 月就任国家总统。从一开始就很明显,1976 年政变时的海军总司令埃米利奥·马塞拉(Emilio Massera)上将希望能在豪尔赫·R. 维德拉(Jorge R. Videla)将军任期结束后接替他。这种情况加剧了两方摩擦,并对政府换届后是否继续实施现行的政府经济政策提出了质疑。

1979 年,马塞拉上将认为时机已到,是时候发起政治运动了,并且他把自己作为国家最高职位的坚定候选人。为此,他努力争取那些反对官方经济政策群体的支持,他的竞选活动为反对现行政策的商界向政府施压创造了有利条件。与此同时,政治变革迫在眉睫的前景刺激了金融投机,导致外债和内债爆发性增长和资本外逃。到 1980 年,这些现象已表现出非常重要的一些特点。资本外逃不仅表明了整个资产阶级的信任危机,也表明了马丁内斯·德霍斯的经济政策无法维持下去。考虑到这种情况,政府不得不采取两种极端措施:让公营企业承担外债和积极干预金融市场,这会对各经济集团之间的斗争产生直接影响。

外债与金融体系危机。外汇政策和降低关税的政策影响了国家的外汇收支。尽管出口增加了,但 1979 年的贸易差额下降了,由于进口额增长强劲,第二年便出现了巨额赤字。因此,国际收支账户日益恶化,赤字在1980年达到48亿美元左右。[①] 尽管增加了进口,但到1981年,外债增长仍然是国际收支危机的决定性因素。

国内市场的高利率和汇率差刺激了外国资本流向国内金融市场。由于外国信贷比国内信贷便宜,能够获得外国融资的企业普遍采用的做法是:先签订外债合同,然后在国内金融市场上回收这些贷款。1976—1978年,外债的增长幅度相当大,从828万美元增加到1 249.6万美元,但1979年外债开始猛增。1979—1981年,外债总额以每年23.2%的速度增长,其中公共债务以每年26.1%的速度增长,私人债务以每年19.6%的速度增长。[②]

私人外债的大幅增加反映了国内金融市场与国际金融市场的融合,这也是当时金融和外汇政策的结果。反过来,公共部门的沉重债务也反映了政府的决心,即用国外融资取代国内对公营公司和国库的融资,以减轻这些实体的资金需求对国内利率造成的压力。然而,1980年的金融危机导致越来越多的资本外逃,公债开始有了另一层含义。国有企业现在被用来吸引外国资本流动,以实现国际收支平衡和维持官方外汇政策。实际上,这种负债同样为市场提供了必要的货币,助长了资本外逃。

这一时期的一个典型特征是,短期金融投机取代了生产性投资。然而,很少或根本无法获得外国信贷的企业却处于非常不利的地位,在1980年初,它们发现自己负债累累,并日益受到竞争性进口产品的压力。在此关头,中央银行出面干预,清算了地区外汇银行,从而引发了一场始料未及的金融危机。

随后的金融恐慌迫使中央银行再次干预,在1980年4月至1981年3月间,它审计或清算了62家金融机构,这些机构控制着全部存款的20%。政府还向受到金融恐慌威胁的金融实体提供了特别信贷额度。1979—1980年,这些信贷额度增长了50.2%,1980—1981年则增长了81.9%。

金融危机加剧了资本外逃,投机活动迅速集中到囤积货币上。这严重影响了国际收支和外汇储备。

---

① Ernesto Feldman and Juan Somme, *Crisis Financiera y endeudamiento externo en la Argentina* (Buenos Aires: Centro Editorial de America Latina, 1986).

② 世界银行, *Argentina: Public Sector Investment Review* (Washington, D. C., November 17, 1986)。

私人债务社会化。1981 年 3 月，已在 6 个月前宣布的政府交接仪式举行，罗伯托·维奥拉(Roberto Viola)将军就任总统。他的任期很短，而且受制于各种利益集团不断变化的各种要求。他的经济工作组采取的第一批措施表明，他们有意瓦解马丁内斯·德霍斯的经济政策。

新政府选择了系统性贬值，重新确立了汇率市场的二元性，增加了农产品出口的负担，并成立了一个特别委员会来重新审查关税改革的效果。经济部被分为五个分部，分别对五种不同的委托人负责，这表现了政府的脆弱。而这一时期的特点是商业部门斗争加剧，都希望自身利益能先于他人得到满足。然而，所有这些商业要求都有一个共同点：清偿私人债务。

6 月，中央银行推出了一项制度，正式保证适用于到期日比原定日期延长 540 天以上的外国贷款的汇率。中央银行根据该计划支付的初始利率为每月 2%，虽然后来有所提高，但始终低于现行的贬值率。然而，私营部门的投机能力将会占据上风。这种补贴没有用来清偿债务，而是被用来制造虚假债务，从而获取更多资本。随后，为了减少私营部门的外债，政府又推出了另一系列补贴措施——实行汇率互换和有汇率保证的合同，这确实减轻了私营部门，特别是工业部门的债务负担。工业短期私人外债从 1980 年占全部外债的 65%减少到了 1981 年的 33%。

然而，紧张局势继续加剧，几个月后发生了新的军事政变，另一位将军莱奥波尔多·加尔铁里(Leopoldo Galtieri)于 1981 年 12 月就任总统。他的经济工作组采取的第一批措施表明，阿根廷又回到了马丁内斯·德霍斯的经济政策，但马尔维纳斯群岛战争导致加尔铁里政府垮台，开启了阿根廷新的政治时代。新政府在总统奥古斯托·比尼奥内(Augusto Bignone)将军的领导下，仍然不得不面对当时国家重组进程控制资产阶级各阶层斗争的明显失败。

在商界内部冲突和权力精英完全不顾及法律的政治背景下，被压迫者极有可能提出更高的要求。在马尔维纳斯群岛战争失败后，武装部队失去民心和内部的派系斗争加剧了这种风险。为缓和社会的紧张局势，新军政府宣布一年后举行大选。面对整个商界要求以比索清偿私人债务的新压力，新任经济部长多明戈·卡瓦罗(Domingo Cavallo)不得不实施新的金融改革，产生了显著的结果。高负利率使得 40%以上的私人债务在短短 6 个月内得以清偿，商业银行无

图 3.3 莱奥波尔多·加尔铁里(图中居中者，
1981—1982 年担任阿根廷总统。图片来源:百度百科)

法收回的贷款比例也大幅下降:从 1981 年占总资产净值的 60.6%,到 1982 年下降到了 10.2%。

第四章

国家重组进程的遗留问题

1983年年底，阿根廷的政治局势又呈现出了全新的特点。自进入20世纪以来，军政府首次战败于一个西方大国，武装部队陷入激烈的内斗，这表现出他们已无力控制国家的政治和经济。国家重组进程灾难的严重性显而易见。马尔维纳斯群岛战争失败后，军政府举行了大选以便将政府移交给平民，这一期间气氛紧张，而且军方试图获得各政党的保证，不会揭露国家进程期间所发生的残忍行径。

军方急于抹掉过去，似乎国家恐怖主义及其后果可以一笔勾销，于是宣布了一项法律，赞扬自己的"反颠覆爱国活动"，并大赦该组织。但是，人权组织以及激进党阿方辛派表达了自己的意见，反对为国家重组进程中犯下的巨大罪行保持沉默，并使其最终无法成为一种制度契约。为避免未来的宪法政府谴责国家重组进程，军方很有可能会发动政变。这一时期，庇隆主义党所承担的责任在很大程度上解释了该党在自由选举中首次失败的原因。

因为该党受到极端右翼，尤其是工会高层的控制，所以它在选民面前表现出了迫于军政府的压力而显得左支右绌的形象。工会主要领导人为了让过去曾受军事控制的一些工会恢复权力，减少了对国家重组进程的批评并承诺未来不再对此谴责。因此，庇隆主义作为一种政治力量，似乎被1976年军事政变之前的暴力所支配。然而这一次，只有庇隆主义者中的极端右翼实施暴力。与阿根廷其他左派一样，庇隆主义左派从政治舞台上消失了，他们缺席政治竞争表明，尽管国家重组进程有许多看似失败的地方，但军事政权至少实现了其基本目标之一。正如下文所述，这也不是它取得的唯一成就。

图 4.1　劳尔·阿方辛(1983—1989 年担任阿根廷总统。图片来源:百度百科)

右派在庇隆主义党内占主导地位，他们不断呼吁用暴力来确保对政党机构的控制，并在政权垮台的背景下与军方公开对话，这些都为庇隆主义党在选举中的失败做了铺垫。揭露工会头目与军方之间存在协议，成为劳尔·阿方辛竞选活动中最有力的一个武器，很大程度上促成了他在选举中的胜利。矛盾的是，民众为争取原本被搁置的加薪问题而进行了大规模的动员活动，而庇隆主义者的失败就发生在这种背景下。这种压力和日渐崩溃的军事政权的让步，使得工业部门的实际工资显著增加。1976 年军事政变产生的一个直接后果是实际工资的情况急剧恶化，1975—1976 年下降了 32.5%，从那时到 1982 年几乎滞涨。[1] 然而，马尔维纳斯群岛战争失败后，工业部门的实际工资在一年内增长

① CEPAL, *Precios, salarios y empleo en la Argentina: estadísticas económicas de corto plazo*, in Estudios e informes (Buenos Aires, June 1983).

了 32%。

改善工薪阶层生活水平的普遍压力，在很大程度上是自发的基层运动的结果，但这并没有转化为促进工会力量壮大和选举胜利的坚实力量。反之，这种压力和阿方辛在明显属于工党选区的投票中获胜，表明了当时主导庇隆主义党政治和工会结构的工会领导折戟沉沙。

1983 年也呈现出了独特的经济特征。在工资需求和选举迫在眉睫的压力下，经济集团和商界的内部矛盾明显变得更加尖锐。要求保证外债汇率、提高关税保护、各种免税、农产品出口自由汇率以及清偿私营部门内外债的呼声充斥着政治舞台。这些压力，以及军队的日益空虚和内讧迫使历届政权逐渐屈服于他们提出的几乎所有要求。此外，他们还承担了私营部门的债务（外债和内债），形成了一种体系状况，极大地阻碍了政府未来的管理。

满足这些要求和提高公职人员工资，都对财政赤字产生了显著影响：1970—1974 年，赤字占国内生产总值的 5.5%；1975—1980 年，占 8.8%；1981—1983 年，占 15.7%。[①] 国家承担的私人债务也对财政赤字的变化产生了决定性影响。1980 年，债务利息（内债和外债）占国内生产总值的 1.9%；到 1983 年，这一比例上升到 17.3%，在很大程度上解释了出现经营和资本赤字的原因。[②] 国家权力崩溃的另一个表现是，国家 1983 年用税收收入支付开支的能力降到了 20 年以来的最低水平。1980 年，税收占公共支出总额的 67.6%，但到 1983 年，这一比例下降到 46%。这种状况将通货膨胀推向新高。批发物价指数在 1981 年跃升 180%，1982 年跃升 311%，1983 年跃升 411%。[③] 反过来，固定投资明显下降，从 1980 年占国内生产总值的 23.2%下降到 1983 年的 14.1%。[④]

因此，1983 年上台的政府面临着严峻的挑战。从政治角度来看，其面临的一个问题是，如何恢复一个充斥着国家恐怖主义腐朽的制度的政治合法性。从

① 阿根廷共和国中央银行。

② Marta Beckerman,"Ajuste externo y déficit fiscal: Una visión del caso argentino"(paper presented at the Congress of Argentinian Economists,Buenos Aires,1988).

③ 世界银行,*Argentina: Social Sectors in Crisis* (Washington,D. C. ,1988),pp. 65,66,68,69,70, and 71。

④ 同上,p. 58。

经济角度来看，情况也岌岌可危。宪法政府的特点是，资产阶级各阶层为收入分配而进行的斗争不断加剧，由于选举变革的可能性和民众要求的加强，这种对抗也加剧了。外债的巨额增长大大减少了国家可支配的资源，而彻底改变迄今为止控制国家补贴管理的规则，只会越来越难满足各阶层的诉求。在外债利息支付这一新因素的压力下，对农业和工业部门交替补贴的传统模式将发生巨大变化。资源匮乏只会加剧商界争夺收入的斗争，而通货膨胀的失控则是阿根廷长期社会矛盾激化的又一表现。

基于公平分配劳动的经济增长

拟议的目标和采用的政策

根据竞选承诺，新政府从一开始就明确表示，其主要目标是恢复政治言论的可信度以及社会制度和价值观的合法性。为了实现这些基本目标，必须在"公平分配所有人的劳动成果，以免破坏社会主体的凝聚力的基础上实现经济秩序的调整。这意味着那些财产较多的人需做出更大的贡献，而那些财产较少的人仅需在其财力范围内进行合作"[①]。

为了实现既定目标，新任经济部长贝尔纳多·格林斯潘（Bernardo Grinspún）提出了一项基于早先实行的分配主义模式的计划。国内需求的增长刺激国内生产，这种增长是在大众购买力提高的基础上产生的。为实现这一计划，政府提高了12%的工资水平，并承诺持续进行工资调整，以补偿未来的通货膨胀。在提高工资的同时，还控制部分价格、减少财政赤字、降低利率和银行准备金要求、实行关税保护，以及为国内中小型企业提供更多信贷。与此同时，政府面对国际小麦价格下跌的情况，向农业部门承诺为小麦提供价格支持，并降低出口关税。

政府所采取的一系列措施试图同时满足本质上相互矛盾的要求，但更糟糕的是，这些措施的力度不够，无法达到预期效果。价格控制政策施行得如此片面，以至于某些工业部门的垄断势力没有受到影响，从而失去了中小型工业的支持。与此同时，取消部分农业出口税未能满足农业部门的要求，但足以引起

---

① 经济部长 Bernardo Grinspún 的讲话，引自 *La Nación*，December 31，1983。

工业部门的愤怒抗议。反过来,低廉的信贷承诺与减少财政赤字的目标是不可调和的,这只会激起金融集团之间的斗争,以便它们从中央银行的再贴现制度中获得尽可能大的利益。其结果是通货膨胀激增,经济逐渐失控,来自各种利益集团的压力增大。

1984 年,消费者价格指数上涨了 626%,批发物价指数上涨了 574%。[①] 在这一年的最后两个季度,虽然汇率略有改善,但工业品比农产品价格的增长速度更快。对农业部门的承诺使出口税略有减少,某些农产品的汇率也有所改善。这两项措施改善了小麦出口的有效汇率,但玉米出口的有效汇率没有改善,以美元计算的每公斤鲜肉价格和平均肉类批发价格仍然接近 1983 年的水平(见表 4.1)。然而,肉类价格波动很大,不仅反映了外汇政策和季节性变化的影响,也反映了供应高度集中的市场行为。

表 4.1　　1983—1987 年小麦和谷物出口的有效汇率和肉类价格

	出口的有效汇率		肉类价格	
	小麦	谷物	美元/千克	平均批发价格
1983 年	0.96	1.14	0.70	100.2
1984 年	1.01	1.07	0.71	96.5
1985 年	1.05	1.20	0.66	66.2
1986 年	1.13	1.22	0.59	77.3
1987 年	1.20	1.26	0.69	114.5

备注:根据官方汇率和出口税计算的有效汇率,按阿根廷总体批发价格指数水平和美国批发价格指数进行修正。小麦的交易期为 12 月至次年 2 月,玉米的交易期为 4 月至 6 月。肉类批发价格以利涅斯区市场上每公斤鲜肉的奥斯特拉尔为单位,用非农业批发价格指数进行修正(1960=100)。

资料来源:Marcelo Regunaga,"La competitividad de la producción de granos Argentina en el mercado internacional: Evolucion y perspectivas",1988 年第 20 届国际农业经济学家大会,*La economia agraria Argentina*: *Consideraciones Sobre su evolucion y situacion actual* (Buenos Aires,1988) 以及 Junta Nacional de Carnes,*Boletin semanal de informaciones sobre ganados*,*carnes*,*y subproductos* (Buenos Aires,several issues)。

尽管对价格进行了部分控制并削减了公共开支,但中央银行通过再贴现扩大了补贴信贷,使得货币供应量在前 8 个月平均每月增长了 17%。这两个因

① 数据由 INDEC 提供。

素，再加上公共部门就业人数的增加和公共部门实际的行政工资保持在与通货膨胀率相适应的水平上，都会对财政赤字产生不利影响。事实上，1984 年前 6 个月赤字出现了大幅增长，由于在与国际货币基金组织签署备用协议后采取了一些措施，这一趋势在第三季度被遏制（见表 4.2）。外债利息的支付也会对公共财政产生重大影响，这反过来又会对国际收支产生不利影响，尽管在这一年中，特别是前两个季度，贸易差额出现了有利的变化（见表 4.3）。

表 4.2　　1984—1987 年财政赤字占国内生产总值比例的季度变化情况　　单位：%

	非金融公营部门	中央银行	赤字总额
1984 年	8.3	2.7	11.0
第一季度	9.5	5.6	15.1
第二季度	10.3	6.0	19.3
第三季度	6.3	3.1	9.4
第四季度	8.6	2.3	10.9
1985 年	3.5	2.4	5.9
第一季度	7.5	4.4	11.9
第二季度	6.9	5.0	11.9
第三季度	1.8	1.2	3.0
第四季度	1.3	0.2	2.2
1986 年	2.7	1.9	4.6
第一季度	2.3	1.7	4.0
第二季度	0.9	1.3	2.2
第三季度	0.8	2.2	3.0
第四季度	5.7	2.1	7.8
1987 年	6.3	0.9	7.2
第一季度	3.8	1.8	5.6
第二季度	6.5	1.7	8.2
第三季度	4.4	1.4	5.8
第四季度	8.5	−1.2	7.3

资料来源：数据由阿根廷中央银行提供。

表 4.3　**1984—1988 年收支平衡的季度变化**　单位:百万美元

	经常账户	贸易差额	金融服务	余额变化
1984 年				
第一季度	−197.0	1 294.0	−1 351.4	672.6
第二季度	−137.5	1 350.0	−1 448.2	297.8
第三季度	−749.6	755.0	−1 471.6	−488.3
第四季度	−1 306.8	124.0	−1 440.8	−217.3
1985 年				
第一季度	−779.8	826.0	−1 441.1	−288.3
第二季度	186.9	1 643.0	−1 428.5	821.6
第三季度	109.9	1 331.0	−1 221.6	1 436.6
第四季度	−469.8	782.0	−1 214.0	523.2
1986 年				
第一季度	−803.0	592.0	−1 147.0	−435.0
第二季度	−456.0	814.0	−1 196.0	1 441.3
第三季度	−508.0	541.0	−934.0	−380.0
第四季度	−1 092.0	179.0	−1 139.0	−1 038.0
1987 年				
第一季度	−1 021.0	241.0	−1 042.0	−461.0
第二季度	−798.0	362.0	−1 157.0	−1 403.0
第三季度	−1 098.0	−15.0	−1 044.0	−1 270.0
第四季度	−1 321.0	−48.0	−1 242.0	−966.0
1988 年				
第一季度	−946.0	454.0	−1 216.0	−1 002.0
第二季度	−547.0	803.0	−1 344.0	−437.0
第三季度	118.0	1 324.0	−1 174.0	584.0

资料来源:数据由阿根廷中央银行提供。

定期调整利率未能阻止 20 世纪 80 年代初开始出现的资本外逃。这一问题,再加上以企业间金融市场投机为主的金融市场的波动性,导致了货币黑市投机的繁荣。在激进党政府执政的前 9 个月,平行市场的汇率平均比官方汇率高出45%。

尽管存在这些问题，但在此期间，经济增长仍超过了2%，这主要归功于消费扩大及随之产生的非耐用品生产行业的发展。然而，请允许我指出，这一增长是在非常低迷的水平上开始的，1984年和1985年的工业产出量仍比1980年达到的水平低近8%。政府任期头3个月实行工资政策，结果扩大了消费。1984年1—9月间，政府试图保护并尽可能提高工薪阶层的购买力，使其超过1983年12月的水平。政府根据预期通货膨胀率每月调整薪金，并对预期与实际通货膨胀率之间的差异进行追溯加薪。

在这种情况下，1983—1984年，工业实际工资增长了约22%，几乎所有公共行政部门的工资都略有提高，大体上与通货膨胀保持同步。在各种第三产业活动中，变化是不规律的，但几乎所有这些活动的实际工资都有显著提高（见表4.4）。但正如我们稍后将看到的那样，工薪阶层生活水平的恢复持续时间很短。

表4.4 1983—1984年按经济活动领域分列的平均实际薪酬（按百分比递增） 单位：%

工业	21.6
贸易	21.5
银行业	13.1
交通业	1.2
建筑业	9.2
国有企业	9.0
中央政府	
类别10	4.4
类别13	6.7
类别16	1.7
类别21	−10.5

备注：平均实际工资：1983=100。工资根据INDEC的消费物价指数进行了调整，Estadistica Mensual（Buenos Aires，various issues，1983—1984）。

资料来源：劳动和社会保障部，*Boletin de estadisticas laborales*，2（Spring 1987）。

外 债

阿方辛总统向国会发表的就职演说中，提到了外债遗留下来的沉重负担，并承诺“进行适当的分析和研究，以确定哪些债务是真正合法的”[①]。此外，偿还外债须满足两个条件：外债是以合法的方式产生的，偿债和摊还外债不会阻碍经济扩张。[②] 然而，激进派政府很快就发现，国际债权人固执地要求偿还债务，这一态势也很难长期维持下去。不久之后，外债的合法程度问题就不再是讨论的对象，政府最终承诺会不加区分地偿还全部债务。

宪法政府延续了军方下台前的路线，逐步承担了更大份额的私人外债。因此，1983 年外债总额中，公共债务占 71%，私人债务占 29%，而到 1987 年，公共债务已上升到外债总额的 94.3%，而私人债务减少到了 5.7%。如果我们考虑到 1975 年私人债务占外债总额的 52.5%，这一现象的严重性便变得显而易见。[③]

因此，偿还外债成为国库的沉重负担。虽然在 1983 年，外债还本付息额占国家出口总额比例的 24.5%，但到 1987 年，这一比例已上升到 61.7%[④]，在此期间，外债利息在财政赤字中所占的比例越来越大。矛盾的是，国际货币基金组织与阿根廷政府就外债融资问题进行了艰苦的谈判，但前者的一个主要诉求是减少财政赤字。

正如我们所见，尽管从 1985 年 6 月开始，《奥斯特拉尔计划》对工资和公共开支进行了大幅调整，但财政赤字仍然是经济管理缺乏控制的一个关键因素。由于阿根廷政府最终承担了几乎全部的私人外债，这些债务对国际收支差额和财政账户本身都产生了决定性的影响。这两种现象极大地改变了 20 世纪 60 年代初以来阿根廷经济的运行状况。

在 1984 年的前 9 个月，政府与国际货币基金组织和债权银行进行了艰难的经济谈判。根据竞选承诺，经济部门起初拒绝接受国际货币基金组织提出的稳定计划，并寻求与债权银行达成独立于国际货币基金组织指令的协议。这些

① *La Voz Argentina*，December 11，1983，supplement.

② 同上。

③ 世界银行，*World Debt Tables*（Washington，D.C.，1988－1989）。

④ 同上。

尝试均以失败告终，而令人费解的是，1984 年 6 月 9 日，经济部长单方面向国际货币基金组织总裁发了一封意向书。不出所料，这一决定惹恼了国际货币基金组织的官员，并进一步阻碍了与银行的谈判。

1984 年 9 月，受通货膨胀失控、灾难性的国际收支、资本外逃和外国压力的影响，政府与国际货币基金组织就一项调整计划达成了协议，该计划将得到国际货币基金组织备用资金和商业债权人新融资的支持，其目的在于将 1984 年第三季度的月通货膨胀率降低 22%，到 1985 年底降低 8%。与此同时，1984 年和 1985 年国际收支赤字分别减少 23 亿美元和 19 亿美元。为实现这些目标，政府承诺 1985 年将财政赤字减少到占国内生产总值的 5%。1983 年财政赤字占国内生产总值的 12.4%，而 1984 年上半年，财政赤字已上升到 13%，如果我们意识到这些，那么政府承诺的这一规模能否实现便显而易见。

财政赤字的减少将通过减少公共开支和大幅增加公共收入来实现，而公共收入的增加是通过提高汽油税、企业缴纳社保以及取消中央银行提供的信贷补贴计划来实现的。另一方面，工资政策将服从物价稳定这一目标，这表明政策将发生重大变化。此外，工资将成为经济调整的主要变量，这一事实再加上影响大众消费的间接税的大幅增加，都会对整个工薪阶层的生活水平产生负面影响。不幸的是，与国际货币基金组织签署的协议未能消除预期的通胀。

1985 年头几个月的年通货膨胀率达到了约 1 500%，因此可以明显看出与国际货币基金组织商定的指导方针没有被遵守。国际货币基金组织暂停了所商定的拨款，债权银行也中止了承诺的新融资资金。在这种情况下，经济部进行了人事变动，这标志着管理进入了一个新的阶段，其特点是几乎没有兑现任何经济政策领域的承诺。

激进经济管理的第二阶段

到 1985 年 2 月底，由胡安・苏鲁耶(Juan Sourrouille)为首的新团队接管了国家的经济管理。苏鲁耶在激进党内并不出名，主要由阿方辛总统本人在政治上支持他。很快，苏鲁耶的行政管理将不得不面对激进党的“老将们”，其中很多人与被赶下台的经济部长私交甚好。

苏鲁耶在向全国发出的第一份致辞中，承诺会遵守前经济工作组所做出的承诺，并宣布根据上月通胀水平的90%来调整每月工资。他重申了1983年的竞选承诺，毫不犹豫地做出了“公平分配国家负担的坚定承诺。我们的座右铭是一切公平”[①]。他还宣布实施一项改革，旨在提高税收制度的效率和公正性。根据新的官方观点，不再主要由工薪阶层的更多消费来激活国内需求，出口将成为经济扩张的核心要素。考虑到外债造成的严重限制，当务之急是需要货币来偿还外债，这就要求“优先关注农业，因为农业是直接来源”[②]。新部长同样宣布，需要调整工业结构，促进出口和取消进口关税，以使工业更高效并更紧密地融入国际贸易。国家重组进程的第一任经济部长何塞·马丁内斯·德霍斯就曾提出过这一方法，因此这个方法并不新颖。

此时，政府经济工作组开始起草一份秘密计划，并在6月以《奥斯特拉尔计划》的名义公布于众。从3月到6月，团队采取了一系列措施，这些措施似乎延续了1984年9月启动的渐进式稳定计划，其目的是巩固特定的相对价格结构，然后实施新的稳定计划。换句话说，它的最终目标是大幅提高汇率、公用事业费率和工业品价格，从而为这些经济变量提供缓冲，以防《奥斯特拉尔计划》公布后可能出现的价格下滑。

连续的贬值使比索与美元平价，比1970年低了17%，也使工业价格控制有所放松，允许其随着汇率的变化而变化。此外，公用事业费率大幅提高，达到了被认为足以让公共企业收回经营成本和偿还外债的水平。工资调整幅度被限制在了上月消费者价格指数涨幅的90%，追溯性调整被取消，并通过自然减员减少了雇用的公职人员。最后，公共部门的支出减少了12%。

由于这些措施，《奥斯特拉尔计划》公布时的相对价格结构有利于工业价格、公用事业费率和汇率，而不利于工薪阶层。1985年1—6月，实际工资急剧下降。工业品价格与农产品价格相比，得到了大幅提高（见表4.5）。

---

① 致全国人民的广播讲话，1985年2月28日，见*Mensajes del Ministro de Economia Dr. Juan V. Sourrouille*，2 vols. (Buenos Aires: Ministerio de Economia，1986)，1:14。

② 同上，1:17。

表 4.5　1985—1988 年实际工业工资、相对工业价格与农产品价格之比、交易条款和肉类价格的季度变化(季度平均值)

	实际工资*	相对价格	交易条款	奥斯特拉尔/千克* 利涅斯区
1985 年				
第一季度	−15.2	106.4	121.8	−26.9
第二季度	−4.1	140.0	107.4	−25.1
第三季度	−11.1	118.6	100.6	31.1
第四季度	1.8	102.6	96.8	5.8
1986 年				
第一季度	0.3	98.2	102.3	5.9
第二季度	5.0	93.5	85.0	16.4
第三季度	4.2	82.5	86.6	13.6
第四季度	−4.1	78.7	82.6	1.6
1987 年				
第一季度	−8.4	87.9	88.2	4.8
第二季度	7.8	83.0	83.8	9.1
第三季度	−3.2	81.8	85.7	15.6
第四季度	−4.0	98.7	s/d	−32.7
1988 年				
第一季度	−2.1	99.7	s/d	3.2
第二季度	−4.6	114.3	s/d	−19.4

注：* 相对于上一季度的百分比变化。

资料来源：实际工业工资(1983 年 12 月＝100)：FIEL，*Indicadores de coyuntura*(Buenos Aires，Several issues，1985—1988)。相对价格：数据由 INDEC 提供。交易条款：数据由阿根廷中央银行提供；以利涅斯区计算的每公斤鲜肉平均价格(奥斯特拉尔)：Junta Nacional de Carnes，*Boletin Semanal de informaciones Sobre ganados*，*Carnes y Subproductos*(Buenos Aires，Several issues，1985—1988)。肉类价格指数根据 INDEC 提供的非农业批发价格指数进行了修正(1960＝100)。

至于外债谈判，新经济工作组主要关心的是避免国家信用评级恶化。因此，政府获得了一笔过桥贷款，以弥补外债的利息支出，当时这一支出已经达到了可接受的180天期限，美国财政部积极参与这笔过桥贷款方面的事务，与前经济部长在美国当局所引起的不信任和沉默形成了鲜明对比。这种情况，再加上美国联邦储备委员会对《奥斯特拉尔计划》给予的热烈支持，从一开始就表明，新经济工作组的其中一个政治支柱来自国外。

《奥斯特拉尔计划》的首批成果

《奥斯特拉尔计划》实际上包括：

(1)提高出口税和公用事业费率，进而引入相当于另一种税收的强制性储蓄计划，以及改进税收工作(改善税收)，从而大幅减少财政赤字。然而，税收压力的增加并不足以改变阿根廷税收制度的特点，因为阿根廷的税收制度主要集中在间接税上，也就是说，集中在工薪阶层的缴款上。

(2)先是贬值15%，然后冻结汇率、大部分价格和工资。这些措施是为了巩固当时对工薪阶层不利但对工业有利的相对价格结构。

(3)创造了新的货币单位——阿根廷奥斯特拉尔，1奥斯特拉尔相当于1 000个旧比索。这一变化纯粹是名义上的，只不过为了产生心理影响。此外，政府承诺不再印制更多钞票来弥补预算赤字。这一决定使改善税收或增加外债成为可选方案。实际上，增加外债更受青睐。同时，该计划宣布将月利率从30%降至6%，并列出一份表格把6月14日后到期的金融债务，从比索换算成阿根廷奥斯特拉尔。

新计划的初步成果对政府来说是有利的。通货膨胀率从1985年上半年的348%下降到下半年的20.2%，财政账户也进行了大幅度调整，财政赤字从1985年前两个季度占国内生产总值的11.9%下降到第三季度的3.0%和最后一个季度的2.2%。通货膨胀率的下降使政府能够宣称实际工资有了净增长，但事实与这一说法背道而驰，因为在《奥斯特拉尔计划》下，实际工资明显恶化。只有在1985年第四季度、1986年第二和第三季度以及1987年第二季度，实际工资才略有改善(见表4.5)，但实际工资的这种条件性改善并不能弥补其整体恶化或扭转其下降趋势。因此，所有工薪阶层在1984—1987年的收入都明显下降了(见表4.6)。

表 4.6　**1984—1987 年各种经济活动的实际工资变化情况(百分比)**　单位:%

	累计年增长率(1984—1986 年)	增长率百分比*(1986—1987 年)
制造业	−5.13	−5.50
贸易	−7.35	−6.01
银行业	0.78	−1.21
交通业	−6.95	−7.24
建筑业	−14.80	−7.88
公营企业	−5.90	−4.96
中央政府		
类别 10	−11.29	na
类别 13	−9.92	na
类别 16	−9.92	na
类别 21	−13.50	na

注:* 只有 1987 年前 6 个月的情况。

资料来源:劳动和社会保障部,*Boletin de estadisticas laborales*,2(Buenos Aires,Spring 1987)。

尽管《奥斯特拉尔计划》取得了明显的初步成功,并且月通货膨胀率水平远远低于计划实施之前,但通货膨胀到 1985 年底依然存在(见表 4.7)。持续的通货膨胀继续影响工资,使得 6 月份冻结的汇率和公用事业费率无法维持下去。到 1986 年第一季度,由于财政赤字增加、国际收支经常账户日益恶化和储备金减少,情况开始变得复杂起来(见表 4.2 和表 4.3)。经常账户的恶化与贸易顺差同时存在,这反映了外债利息对政府经济管理造成了沉重的负担。这种情况清楚地表明,自 20 世纪 60 年代初以来,外债已对经济运行条件产生了明显的影响。

表 4.7　**1985—1989 年消费者物价指数**

	1985 年	1986 年	1987 年	1988 年	1989 年
1 月	25.1	3.0	7.6	9.1	8.9
2 月	20.7	1.7	6.5	10.4	9.6

续表

	1985 年	1986 年	1987 年	1988 年	1989 年
3 月	26.5	4.6	8.2	14.7	17.0
4 月	29.5	4.7	3.4	17.2	33.4
5 月	25.1	4.0	4.2	15.7	78.5
6 月	30.5	4.5	8.0	18.0	114.5
7 月	6.2	6.8	10.1	25.6	202.0
8 月	3.1	8.8	13.7	27.6	48.0
9 月	2.0	7.2	11.7	11.7	
10 月	1.9	6.1	19.6	9.0	
11 月	2.4	5.3	10.3	5.7	
12 月	3.2	4.7	3.4	6.8	

资料来源:数据由 INDEC 提供。

《奥斯特拉尔计划》的首次修改

经济部长迫于工会的压力,不得不在 1986 年 2 月承认:"是的,工资确实下降了。但现在问题在于,工资下降恶化的程度。由于工资购买力的计算方法各不相同,因此这方面存在意见分歧。"①在考虑通货膨胀持续存在的原因时,部长提到了新鲜食物,尤其是肉类价格的上涨。他认为,这些价格上涨并不总是季节性因素造成的。

两个月后,部长坚持认为,根据计算实际工资的新方法,"我们有可靠的证据表明,工资的购买力没有从 1985 年 6 月的水平下降"②。一段时间后,他又重申了对这种工资演变的乐观看法,这不仅违背了相关部门的意见,也违背了事实真相。③ 这些言论严重损害了官方言论的可信度,这种虚假的政治代价在 1987 年的部分选举中暴露无遗。

1986 年 4 月,政府当局首次宣布修改《奥斯特拉尔计划》,包括一些"灵活化"的措施:公共部门可以提高价格和工资,让汇率贬值,实行爬行钉住汇率制,

① Message of February 6,1986,in *Mensajes*,1:57.

② Message of April 4,1986,in *Mensajes*,1:72.

③ Message of May 7,1986,众议院发表,*Mensajes*,2:14—15。

并宣布今后私营部门的价格可以根据成本的增加而进行调整。这些新措施未达到政府的预期，无法控制通货膨胀，1986 年 7 月的月增长率达到了 6.8%（见表 4.7）。在评估这种情况时，经济部长将通货膨胀加速的主要责任归咎于工资需求和被动的货币政策：

> 一年多来，我们不断寻求稳定，通货膨胀最关键的两个焦点如今已得到控制：财政账户和国外账户……因此，通货膨胀率在很大程度上取决于在宽松货币政策下进行的工资谈判的结果。①

据说通货膨胀的另一个原因是中央银行再贴现所造成的货币扩张政策，其增长速度超过了计划速度。最后，经济部长认为，7 月份肉类和某些服务价格的季节性上涨也是上述因素，这也解释了通货膨胀为何突然失控。②

这一时期实际工资的变化似乎表明，实际工资不可能是造成通货膨胀加速的主要原因。1986 年第二和第三季度的工资增长未能弥补自 1985 年初以来工资的下降，而且从 1984 年起，工业劳动力成本大幅下降。1984—1987 年，生产率年累计增长率为 3.16%，而工资年累计下降率为 5.96%。换句话说，实际工资与生产率的比率每年累计下降 8.87%③，这意味着在激进党政府执政期间，工业劳动力的廉价化速度比国家重组进程时期更快。

不同生产部门的大公司操纵价格的能力似乎在通货膨胀的发展中起到了决定性的作用。事实上，在汇率恶化和实际工资下降的情况下，农产品价格相对于工业品价格有所提高（见表 4.5）。当然，部分消除农产品出口负担、汇率政策以及官方放任肉类价格上涨都是促成因素。

因为需要刺激农业产出来确保出口，所以官方鼓励农产品价格相对提高，从而获得支付外债利息不可或缺的货币。因此，政府有义务实现对农民的承诺，“我们会尽可能地帮助农民克服恶劣的国际环境，实现农业增长”④。这项承

---

① Message of August 25，1986，in *Mensajes*，2：36—37.

② 同上，2：27—28。

③ 生产率的计算方法是用工业生产的实物量除以制造业雇用的工人数量（1970 年＝100）。生产数据由拉丁美洲经济委员会（CEPAL）布宜诺斯艾利斯办事处提供。工资方面，按 1970 年价格计算的劳动者平均工资见 CEPAL，*Precios，salarios y empleo en la Argentina：estadisticas económicas de corto plazo*，in Estudios e informes（Buenos Aires，June 1983）。

④ Message of February 6，1986，in *Mensajes*，1：65.

诺包括减少农业出口税和改善该部门主要产品的有效汇率。尽管汇率和实际工资水平下降，但《奥斯特拉尔计划》一经实施，这些措施以及批发市场上垄断肉类供应行业的反应能力，就会导致农业部门相对价格的大幅提高。[①] 此计划实施之前的3个月里，价格上涨形成了一种“缓冲”来保护工业品价格，但农产品价格波动剧烈，逐渐侵蚀了这一缓冲。工业部门施压要求纠正这种情况，肉类批发市场需要在特定情况下做出适当反应，这些是后来通货膨胀失控的重要因素。工业和农业产品之间的相对价格波动反映了在汇率严重恶化和外债负担沉重的情况下对收入分配的争夺。

除了这些情况，还有另一个因素即货币扩张，也助长了通货膨胀失控。这一现象表明经济部缺乏对中央银行的控制，因而也就缺乏对货币政策的控制。当时，激进党内不同派别之间为争夺中央银行的控制权——经济管理的一个主要支柱——而激烈交锋。新加入该党的技术官僚取代了代表激进党守旧派的格林斯潘，但这并不意味着激进党老将们完全失去了对经济政策的控制。因为中央银行作为货币政策的主要工具，仍然掌握在阿尔弗雷多·康塞普西(Alfredo Concepcion)手中，他是激进党守旧派的杰出代表，也是格林斯潘的私人朋友。康塞普西继续为分配主义发展模式辩护，认为这是解决国家经济危机的唯一可能办法。对他来说，增加货币供应和廉价信贷是重新激活消费进而激活需求不可或缺的条件。

这种观点与《奥斯特拉尔计划》的出发点相矛盾。8月底，康塞普西从中央银行行长的职位上被赶了下来，中央银行开始完全由经济部长控制。这一变化与《奥斯特拉尔计划》的最新调整同时发生：加强对货币供应量的控制、大幅提高利率、将私营和公共部门的月价格增长上限设定为3%，以及对工资增长设置新限制。虽然通货膨胀率现已放缓，但在当年剩余时间内仍处于相对较高的水平。

到1986年底，财政账户严重恶化。各种因素造成了这一局面的发生，但影响最大的是外债利息。事实上，与经济部意见相反，外国账户整年都远远没有得到控制(见表4.3)。1986年每个季度的贸易都显示为顺差，但国际经常账户呈现逆差。除一个季度之外，剩下所有季度的储备都严重下降。1984—1985

① 我们不妨回顾一下，到目前为止，大部分肉类产品是在国内市场上销售的。

年，对财政支出的限制使财政赤字急剧下降，但即便如此，国家为外债支付的利息规模还是影响了财政赤字。

尽管采取了各种预防措施，但财政赤字自1986年最后一个季度开始便再次失去控制(见表4.2)，经常账户急剧恶化与这种情况同时出现并非巧合，1986年底，贸易顺差的急剧下降使情况更加糟糕。1987年第三季度，贸易差额出现赤字，汇率条款的恶化也在那时达到了最低点(见表4.3和表4.5)。

幻想破灭

到1987年的头几个月，尽管实行了限制性货币政策，实际工资急剧下降，财政赤字也有所减少，但还是出现了新一轮的通货膨胀。新一轮的通货膨胀表明，当时定价的垄断做法已经很普遍，并且自那时起，政府与工业部门之间的关系发生了深刻的变化。

图4.2 布宜诺斯艾利斯市容(图片来源:百度百科)

政府在苏鲁耶上任之初宣布的工业结构改革计划框架内，开始缓慢降低某些进口关税，同时保留1977年的《工业促进法》(Industrial Promotion Law)。这项法律允许加强工业集中和组建强大的经济集团，是国家重组进程中经济政策的一项关键因素，激进党政府将其原封不动地保留了下来。事实上，从1986年开始，政府通过一系列旨在促进工业出口的措施加强了该法。

《工业促进法》的基础是向某些工业部门的行业提供一系列汇率、税收和财政补贴。这些补贴增加了财政成本，并且从 1984 年到 1986 年，这一成本用对国内生产总值的影响来衡量的话，累计增长了 46.8%。1986 年，它占公共部门总赤字的 53%，非财政赤字的 96%。[①] 事实上，按实际价值计算的话，财政成本的年增长率超过了 53%，而同期工业投资的年增长率却下降到了 10.6%。资本积累再次被财政补贴所取代。

1986 年 2 月，经济部长宣布，工业改造将与公共部门重组同步进行。该计划旨在把某些公营企业的部分股权转让给私营部门，这些公营企业垄断了特定战略领域的某些产品的生产，主要集中在钢铁和石化产品上。这一提案的目标是放松对这些生产部门的管制，以提高工业效率。数十年来，历届政府都保留了对工业部门的补贴制度，公营企业成为向集中度较高的工业部门转移补贴的平台。此外，一些大型企业作为公营企业的承包商和/或特殊客户，以补贴价格来获得公共事业服务和材料，或者获准以远远高于国际市场当前价的价格向公营企业出售产品。因此，他们与国家有着特殊的关系，在宣布将一些国有企业的股权转让给私营部门时，政府迈出了放松管制这些活动的第一步。私营部门本来能从现存条件中获益，此举立马引起了反对，这毫不令人意外。最终，1986 年 2 月宣布的这一项目未能成功。

1987 年是非常特殊的一年，因为议会和省长选举即将举行，选举结果可能会对阿方辛总统在 1989 年的连任起到决定性作用。由于当年是选举年，出现了一系列关于是否继续维持《奥斯特拉尔计划》及其对激进党选民的影响的问题。与阿根廷过去的其他选举一样，投机态度和对短期利益的无节制渴求也在无形中形成了一股强大的力量。实际工资的持续下降以及工厂和公共管理部门一系列罢工和冲突所表现出的民众的不满情绪，都增加了选举结果的不确定性，并对政府是否有能力维持经济政策提出了质疑，这一经济政策渐渐失去了相当多选民的支持。据说未来可能会提高工资和实行价格控制，政府希望这些措施能够平息民众的不满情绪。工业贸易主要领域的投机行为表现为系统性、预期性的价格上涨，这本不足为奇。

面对商业部门明显抵制接受官方的价格指导，政府在 1987 年初的几个月

---

① 世界银行，*Argentina*：*Industrial Sector Study*（Washington，D. C.，April 11，1988），p. 26。

里开始尝试新策略。一方面，它加大了关税保护的削减力度，更加严格地指导中央银行再贴现制度，并增加了税收压力。另一方面，它宣布打算加快转让众多国有企业的一揽子股份给私营部门，以增加竞争。

同时，政府还宣布了新一轮的价格和汇率管制措施。此外，为应对来自工会的日益增大的压力，公共部门的加薪诉求获批，以补偿过去的通货膨胀，随后又实行了新一轮的工资冻结。4 月，政府为拉拢有意向和解的领导来化解工会抗议，任命了卡洛斯・阿尔德雷特(Carlos Alderete)为劳工部长。这一措施非但没有取得预期效果，反而使工会提出了更加苛刻的要求，整个商界都颇为恐惧。

工会的压力主要靠劳工部自身来表达，经济部长和劳工部长迫于这些压力，于 5 月 9 日签署了一份协议，确定了新的工资和公共部门价格上涨的幅度。私营部门的价格仍将受到控制，但控制政策将更加灵活。因此，1987 年第二季度的实际工资有所增加。然而，这次的工资上涨却成为商界恐慌的信号，形势此时迅速恶化。私营部门一再涨价，加上财政赤字不断增加，导致 8 月份的通货膨胀率达到 13％。

激进党在 1987 年 9 月 6 日的部分选举中大败，导致政府瘫痪和迷失方向。激进党不再控制众议院，他们看到了修改宪法的可能性以及随之而来的阿方辛连任的前景都将彻底从其手中溜走。事实上，庇隆主义党的意外获胜表明，其很有可能在 1989 年的总统选举中再次取得胜利。这些情况证实了人们的猜测，即目前实行的经济政策注定非常短暂。

在选举中失败后，政府对工业部门采取了更加强硬的策略。它明确表示某些部门依靠国家特权生活，并用补贴来取代资本积累。与此同时，政府宣布为农业和工业出口提供新的激励措施，来进一步降低进口关税和数量的限制，并放松对国家控制领域的管制，包括钢铁、石化、石油、电力、运输和电信领域。在宣布这些消息的同时，政府还实行了新的价格控制，后来又试图修改《工业促进法》。

势力较大的利益集团非但不接受政府的建议，反而变本加厉地抵制向外国竞争势力开放经济，并施加各种压力以便放松管制，使其能够在更大程度上控制国内市场，形成自己的优势条件。在这种情况下，通货膨胀率到 1988 年初已逼近《奥斯特拉尔计划》实施前的水平，减薪和工农业价格的剧烈波动已成为常态。

到1988年7月，局势变得极其难以控制，政治环境使情况恶化，而矛盾的是，美国大旱导致汇率突然好转。事实上，一方面，庇隆主义党的内部选举让政治形势变得复杂，因为庇隆主义党新的总统候选人公开承诺实行分配主义经济政策和暂停偿还外债。另一方面，阿根廷可能会意外地从农产品出口中获得更多的货币流入，而这种可能性只会加剧关于哪个部门将从中获得最大利益的争论。

《春日计划》

1988年7月，月通货膨胀率达到25.6%，政府准备修改《奥斯特拉尔计划》。经济工作组和重点企业负责人在8月初进行了一场长达72小时的紧张谈判，政府随后宣布了新措施，首先是将外汇市场一分为二，一个是商业和受官方管制的市场，另一个是自由或金融市场，并承诺会在1989年重新统一两个市场，同时商业市场贬值了11.42%。农产品出口产生的货币将会在商业市场清算，工业品进出口产生的货币将在金融市场或自由市场清算。由于后者不受管制，这意味着对工业出口的补贴和所清算的农业出口额这一负担，相当于占税收的20%。

政府和阿根廷工业联盟商定的价格冻结措施预计会持续15天，然后在8月底和9月分别上调1.5%和3.5%。政府和阿根廷工业联盟当局成立了观察和警戒委员会，其目的是“发现和纠正任何滥用职权的行为”[①]。阿根廷工业联盟更确切地说，包含了全国头部公司的负责人，该机构就未来的价格指导方针逐步与政府达成“协议”，这是自激进党掌权以来的首次。

至于实际工资，政府承诺会维持工会与雇主之间的自由谈判，以确保未来的工资增长，同时保留其认为增长过高而否决的权利。因此，实际工资再次成为经济中的可调变量。《春日计划》所宣布的一揽子措施还包括建立美元期货市场[②]，以及在裁员的基础上削减公共开支。利率也降低了，总价值税下降了3

---

① *La Nación*, August 3, 1988.

② 这项措施包括由中央银行出价购买美元，以控制美元在黑市上升值。

个百分点。

农业部门对外汇市场分裂的反应很快就到来了，巴勒莫（Palermo）一年一度的农业博览会开幕式上发生的暴力事件表达了农村利益集团的不满和愤慨。在口哨声、喝骂声和打斗声中，阿方辛总统试图正式宣布博览会开幕，但只是徒劳。阿根廷农村协会主席则当着共和国总统的面发表讲话，宣泄农村群体的愤慨，指出政府在改善经济方面有两种选择。

> 其一是切实减少国家开支，开放经济，解除对某些可变因素的控制，取消为某些工业部门的利益而建立的补偿、支付、奖励和免税制度，这些负担将由整个国家来承担，并通过这一途径来实现收支平衡。其二是重新尝试已经试过的政策，国家吸收因国际市场改善而增加的农业收入，并保持现有制度基本不变。政府选择了后一种方案。为了满足当下的紧迫需求，阿根廷又一次做出了放慢发展并牺牲未来的决定。说到底，这是为了不让任何事情发生太大的变化。阿根廷人民应该也知道，有些人享受着高额关税保护和各种补贴，有些公司靠官方支出生存。生产者们应该扪心自问，如果政府继续坚持以牺牲他人利益为代价而给予某些人特权的政策，那么阿根廷何时才能实现“法律面前人人平等”？①

因此，代表农业部门的主要实体呼吁 9 月份停工两天。

从 7 月政府宣布大幅提高公用事业费率到 8 月的第三周左右，价格一路飙升，但到月底，销售额的异常下降使这一局面得到了控制。代表小企业和中小型工业的实体一再谴责价格飙升，指责“操纵价格”的大型工业公司对所发生的一切负有责任。② 这些谴责促使阿根廷总统承诺将会亲自努力控制价格，并定期与国内头部公司的高管当面讨论这一问题。与此同时，经济工作组还会见了阿根廷贸易协会和阿根廷工业联合会的代表，商讨未来的价格上涨问题。但不久后就发现其他事项也处在谈判之中，其中包括取消关税保护、取消工业税和

---

① *La Nación*, August 14, 1988.

② See the declarations of the Union de Entidades Comerciales Argentinas, La Mesa de Enlace Nacional del Comercio Minorista, Fedecamaras, and Confederacion Economica de Buenos Aires in the dailies *Clarin*, *La Nación*, *Página 12* and *Ambito Financiero*, August 10, 1988.

社会保障债务。

在工业部门与政府进行艰苦谈判期间，总工会举行了第十二次大罢工，抗议实际工资下降，抗议政府在劳工方面没有参与的情况下，与商业组织密切磋商后所采取的经济措施。全国各地都举行了罢工，随后在五月广场举行了示威游行。该广场还曾发生过工会组织间的严重骚乱，警察暴力镇压了这些骚乱，进而引发了阿方辛上台以来最严重的一系列事件。劳工总会为了抗议警察的镇压，召集了另一次全国罢工。针对这场将庇隆主义与前 10 年盛行的政治暴力相提并论的运动，庇隆主义党总统候选人谴责道："这么做的目的是玷污我们正义主义的形象，显然让激进党的总统候选人获益。"[①]在这种动荡的政治气氛中，有一点是显而易见的：集中度较高的工业部门对政府在未来工业结构调整方面提出了条件。

总　结

激进党政府的经济管理表明，阿根廷经济运行中存在着新的结构性条件，以及这些条件对社会各阶层收入分配斗争的影响。1976 年军事政变之前，经济运行与贸易差额的变化及其对国际收支的影响密切相关，而贸易逆差又直接受阿根廷经济周期特有节奏的影响。事实上，20 世纪 70 年代中期之前，阿根廷工业产出的所有扩张导致了进口的大幅增长，而出口的发展又无法抵消进口的增长，最后往往导致外资部门出现危机，这是阿根廷工业发展的内在特点造成的。因此，外债的变化与国际贸易差额的动荡直接相关，而后者是 20 世纪 60 年代初以来工业发展所固有的。

国家重组进程下的经济管理导致外债大幅增长，无论从绝对值还是从与经济规模的比例来看，都远超之前的水平。这恰逢 20 世纪 70 年代第二次"石油冲击"之际，导致国际金融市场利率大幅增长，因此阿根廷外债利息支出突然飙升。较高的外债使阿根廷经济困难的焦点从国际贸易差额转移到国际收支的金融账户上。因此，从那时起，尽管贸易差额系统性地出现盈余，但经济运行时

① 美联社和 *La Nación*，September 11，1988。不久之后，新闻界公布了这些事件的照片，从而确认了一些涉案人员的身份——他们都是国家重组进程时期臭名昭著的酷刑实施者。

经常账户一直处于赤字状态。

总之,外债不再是贸易逆差的结果,它已成为阿根廷经济混乱运行的决定性变量。此外,它也不再是靠经济衰退和收入分配倒退能够解决的一个周期性问题[①],而是一个持续性问题,就算阿根廷经济从 1982 年开始产生较高的商业盈余或者从 1985 年开始出现收入分配倒退,也不可能得到解决。

由于相当一部分外债最终由国家承担,支付外债利息的负担严重影响了财政收支。后者逐渐变得越来越依赖于国外账户,财政赤字问题也因此变得无法控制。外债增长的另一个后果是所谓的经济"美元化":外国资产在私营部门的金融财富中占据了相当大的比重。因此,货币黑市投机成为理所当然的事情也就不足为奇了。这一现象反映在平行货币市场的迅猛发展以及由此导致的汇率剧烈波动上。

所有这些现象都严重地限制了经济政策的选择,尤其是在外汇、金融和财政融资方面。货币黑市的广泛存在往往会减少可用于弥补财政赤字的资源,也会减少可用于支付外债利息的货币。此外,国内利率越来越依赖于外国资产的预期盈利能力。在这种情况下,经济衰退和金融投机往往会陷入自我恶性循环。

当时普遍存在收入分配斗争,不仅发生在资本与劳动之间,更主要的是发生在商界各阶层之间,这些新的经济运行结构条件便出现在这种背景下。如前几章所述,这场斗争必然会导致投机、通货膨胀失控、资产剥离以及拒缴税款和关税的现象急剧增加。激进党政府从国家重组进程中继承了商业部门内部的特殊权力关系,这种关系构成了激进派政府无力改变的另一个制约因素。现在,外债负担将严重限制现有的补贴流,从而加剧资产阶级各阶层之间的收入分配斗争。事实上,在前一阶段,国家在这场斗争中发挥了关键作用,系统地干预了经济。现在,新的结构性条件会对补贴管理造成严重限制,从而彻底改变前一阶段收入分配斗争的规则。

激进党政府的经济战略会优先考虑履行对外承诺。实际上,这一目标意味着要采取一系列措施,但这些措施与竞选承诺和激进党的传统纲领公然相悖,会加剧现有的社会冲突。激进派管理层没有努力实现更公平的分配,而是明确

---

① 这种解决方案一直是国际货币基金组织敦促实施的稳定计划的传统组成部分。

表示,偿还外债的巨大负担,也就是整顿经济的巨大负担将会落在工薪阶层的肩上。同时,偿还外债并非服务于经济增长的需要,而是一心要遵守国际债权人提出的条件,这不可避免地加剧了经济衰退和金融投机。事实上,为支付外债利息而系统性地耗费资源,使得国际收支经常账户持续出现赤字,并严重限制了经济政策的自由度,尤其是在外汇和金融部门。经济的美元化,以及在高度投机氛围下资本外逃的长期威胁,使国内利率维持在导致经济衰退和金融投机持续的水平上。

现在,工业重组的努力将被国内强大利益集团的密集网络所掩盖,而政府要么对这些利益集团一无所知,要么从一开始就无法控制。因此,激进党政府仍然受到来自集中度较高的工业集团的强大压力,这些集团最终成功地将自己的议程强加给了政府。① 在这种情况下,激进党政府已沦为经济危机管理的工具,这往往会导致政府让步于那些集中度较高的工业部门,这些部门当然乐于维持自己的特权。做出让步的部分代价是牺牲了普通民众的生活水平,而不可避免的政治代价则是政府公信力的急剧下降,以及 1983 年投票支持激进党的广大社会阶层的反对声浪日益高涨。

从工业和农业对立的角度来看,激进党政府的行动反映了外债负担造成的新情况。由于需要获得货币来支付外债利息,政府不得不对农业部门的利益采取宽松政策,但农业部门又意外地因阿根廷农产品兑换条件的恶化而雪上加霜。

政府为了使农业生产更有利可图并增加出口配额,不得不降低农业出口税,并设定高汇率。前者必然会减少财政资源,从而损害国家作为补贴发放者的运作能力。反过来,高汇率意味着基本商品会变得更加昂贵,因此,汇率会对普通民众的生活水平产生负面影响。工业部门已习惯用国家优惠来取代资本积累,因此减少可用补贴对工业产生了负面影响。在这种情况下,价格剧烈波动成为常态就不足为奇了,到 1988 年年中,工业和农业之间的对抗再次占据了政治舞台的中心。

---

① 据统计仅 1988 年一年,该部门就获得了约 35 亿美元的补贴。

第五章

激进党政府面临的政治挑战

国家恐怖主义表明，制度合法性问题已变得十分严重。20 世纪 70 年代前 5 年，统治体系的价值观和制度已受到来自民众抗议和游击战的挑战。正如国家重组进程时期所体现的那样，这些价值观和制度也已经受到了统治精英自身的质疑。到 1983 年，政治、经济和军事危机明显严重，恐怖统治似乎濒临瓦解，因此，激进公民联盟(Radical Civic Union)在 1983 年的选举中获胜也就不足为奇了，其竞选纲领基本以道德为主。

尽管该党政纲的重要内容是承诺在公平分配的基础上实现经济发展，但赶不上恢复政治话语可信度以及价值观和制度的合法性的迫切程度。务必重申 1853 年《宪法》所规定的社会生活准则和规范，务必恢复民主机构的运作。国家必须恢复依法治理：必须惩治在国家重组进程中侵犯人权的罪行，必须限制公司权力，必须保障公民的言论自由和参与决策过程的权利。上述这些大概是激进党竞选活动的主题。该党意料之外的获胜，只能说明这些主题迎合了大多数民众的需求。

如今，激进党已成为国家的掌舵人，要想兑现其竞选承诺，它还面临着巨大的困难。尽管如此，该党执政期间对冲突的宽容和言论自由在该国当代历史上并不多见。其经济政策屡次辜负对民众的承诺，民众的不满情绪每时每刻都在通过现有机构渠道表现出来。民众表达诉求的主要途径主要有大罢工、部分停工以及 1985 年和 1987 年部分选举中的所谓“惩罚性投票”。

虽然这些方式并未威胁到体系的稳定，但资产阶级主要阶层和军方提出的诉求并非如此。激进党政府经济管理历经巨变，这表明这种管理已逐渐成为强大利益网络的俘虏，而该网络如今已根深蒂固于国家的经济结构中。因此，投机活动和势力较强的经济集团之间对霸权的争夺占据了政治舞台的中心，并对民主制度的稳定构成了真正的威胁。

在整个激进党执政期间，军方的要求一直被摆在首要位置，成为对制度稳定的另一个重要挑战。政府如果要继续推行民主，从一开始就亟须改变国民权力与军事权力之间的关系。

工人阶级

1983 年底，工会濒临混乱。1976 年政变，军方延长了一些工会领导人的任期，有些工会便由他们领导；有些工会则由临时委员会领导，这些领导由劳工部随意任命，尤其是在国家重组进程的最后时期；还有一些工会则根据军政府制定的指导方针在 1983 年获得了官方认可；最后，一些工会继续由劳工部直接监管。

庇隆主义党在 1976 年之前一直受权力集团控制，尤其是由洛伦佐·米格尔(Lorenzo Miguel)掌权的万多里斯塔集团，该组织不仅控制了庇隆主义党的工会组织，还控制了该党的政治结构。因此，尽管庇隆主义党在 1983 年的选举中失败，但该党右翼，尤其是工会领导在国会和省长中都掌握着相当大的政治权力。庇隆主义党获得了 40％的选票、半数以上的省长职位和大部分参议院席位，成为反对新政府的主要力量。① 更重要的是，大多数庇隆主义党的参议员忠于工会右翼。

从最初的对抗到寻求不可达成的协议

选举失败后，庇隆主义党面临着一场严重的政治危机。洛伦佐·米格尔不

---

① 在所分析的整个时期，激进党并没有控制参议院，他们为了通过立法而不得不与庇隆主义者或某些省级党派的代表进行艰难的谈判。

得不辞去副总统职务，眼睁睁地看着自己的政治权力从手中溜走。一方面，革新派反对极端右翼，力图使庇隆主义政治机构民主化；另一方面，工会派别成倍增加，并公开争夺对有组织的劳工运动的控制权。在这种背景下，激进党政府遵守其工会民主化的竞选承诺，向国会提交了一份重组工会的法案。这项法案将修改目前由工会章程确定的工会领导人的遴选标准和方法，对工会头目掌权的一些条件提出疑问。

该法案建议，基层代表的选举先于其他各级领导的选举。反过来，各级选举必须自下而上逐级进行，以保证基层民众的决策自由。此外，该法案还将缩短领导人的任期，并要求少数派参与管理委员会，进行具有约束力的无记名投票，以及对工会选举进行司法控制。

鉴于庇隆主义党和激进党在参议院中的力量不相上下，以及工会右翼在庇隆主义党参议员中的权威，工会改革计划在国会中遭到了强烈反对。此外，激进党政府在辩护拟议的法律时，特别强调了需要限制工会的政治活动，从而失去了许多选票，甚至包括庇隆主义党的一些选票，这些选票原本是可以投给工会改革计划的。经过长期的激烈辩论，1984 年 3 月，政府的提案在参议院以一票之差被否决。

这次失败给政府带来了灾难性的后果。政府上台执政时，面临的是庇隆主义党四分五裂、选举失败后对犯罪者的追捕，以及工会运动分崩离析和缺乏能够力挽狂澜的工会领袖。通过出台一份关于统一的劳工总联合会的临时协议，政府为工会改革所做的努力使得工会运动能够得到巩固，该联合会是一些争夺工会领导权的党内派别的汇合点。因此，到 1984 年 3 月，政府面对的是一个经过整合的工会领导层的雏形，他们迫切决定要重新赢得庇隆主义党基层的信任。此外，工会领袖索尔·乌巴尔迪尼（Saúl Ubaldini）也已成功地与其他领导人拉开了距离，并逐渐掌握了政治上的主动性。

换句话说，在没有政治凝聚力、工会机构饱受分裂和对抗困扰的情况下，庇隆主义党找到了恢复自身身份的方法：彻底反对政府。从那时起，政府与庇隆主义党达成和解变得越发困难。政府短期内逆转了经济政策目标，根本不可能与工会和解。

工会改革计划在参议院失利，导致劳工部长被撤换，并与工会领导人进行了多轮谈判，最终就政府或临时委员会或任期延长的委员会管理下的工会党内选举规范达成了协议。该选举过程始于 1984 年 9 月，广泛动员了工会，特别是有多个候选人名单的工会的基层人员。这使得各种工会中出现了反对官方领导层的派别，以及委员会被部分取代，并引发了不同派别组成的联盟的候选人之间的竞争。

尽管新选举制度有局限性，而且各工会中依然保持单一的候选人名单，但毫无疑问，新的选举进程开创了基层员工积极参与的时期，这反过来又给他们提供了更好的机会来要求提高工资。在庇隆主义党政治活动失败和对工资抱有乐观期望的情况下，工会职位竞争促使工会领导人提出了激进的要求。社会上的言论自由得到了充分保障，工人通过停工、总罢工和各种形式的劳工冲突表达他们的诉求，从 1985 年底开始，《奥斯特拉尔计划》导致工资下降，冲突也因此变得更加尖锐。

在这些日子里，阿根廷总工会（劳工总会）发布了一份文件，批评政府的经济政策，并坚持认为“为民主而民主是虚伪自由主义”。劳工总会还声称，它正在制订一项作战计划，迫使政府改变其经济政策。这一消息宣布几天后，在阿方辛总统的倡议下，国家、企业和工会之间的经济让步机制开始运转，并将在 1984 年 8 月 8 日举行第一次会议。这一行动标志着紧张时期就此开始，这一时期内劳工总会不断地拒绝或接受对话。9 月举行了第一次总罢工，但令主事者和旁观者都感到惊讶的是，工会成员和代表各行业的大多数组织结成了联盟。这一联盟的共同点是反对官方的经济政策。

政府在政治上的失败是显而易见的。政府非但没有成功地与庇隆主义党或工会达成妥协，反而发现自己孤立无援，并面临着阿根廷历史上从未出现过的联盟的挑战。从代表最强大农工阶层的组织到阿根廷总工会，迥然相异的社会群体向政府提交了一份文件，综合了最多样化的主张。一切似乎都表明，政府失去了一时的主动权，并且还有可能失去对政治局势的控制。

庇隆主义党在工会和政治中的分裂

随着激进党政府经济管理第二阶段的展开，新的经济工作组再次尝试与工会和商界达成妥协，经济及社会协商会应运而生，但这将再次失败。然而，政府在《奥斯特拉尔计划》中取得了初步成效，这一基础和 1985 年 11 月部分选举的结果，使其重新获得了政治主动权。《奥斯特拉尔计划》中的相对价格结构明显不利于工薪阶层，因此导致企业与工会之间的联盟关系恶化。实际工资的下降促使劳工总会逐渐采取更正面、更系统的反对行动。同样，它的要求也变得激进起来，包括要求暂停偿还外债。这一立场只会使工会与企业组织之间的短暂联盟越发脆弱。在这种背景下，激进党于 1985 年 11 月在争夺众议院席位的第一次部分选举中击败了对手。

因此，激进党保住了对众议院的控制权，并保持了在选举中对庇隆主义党的优势。如果比较一下 1983 年和 1985 年激进党和庇隆主义党的得票率差距，就会发现全国绝大多数省份，特别是在主要选区，激进党扩大或保持了从庇隆主义党手中夺取的票数差距（见表 5.1）。在这些选区中，只有联邦首都区例外，虽然激进党在该选区仍较庇隆主义党有显著优势，但优势幅度明显缩小。

表 5.1　1983—1987 年全国众议院大选中，激进公民联盟与正义党[a] 得票的百分比差异

单位：%

	1983 年	1985 年	1987 年
主要选区			
布宜诺斯艾利斯	9.0	14.5	−7.5
联邦首都区	26.4	17.7	15.1
科尔多瓦	15.9	16.7	3.0
圣菲	5.1	4.8	−15.1
门多萨	19.7	27.3	−10.7
其他选区			
拉潘帕	−14.1	4.5	−11.3
火地岛[b]	0.7	−5.0	−13.8
内格罗河[b]			3.8
圣胡安[b]	7.6	18.3	−23.8
内乌肯[bc]	17.4	15.7	18.3
查科	−1.6	3.4	−4.2
米西奥内斯	1.8	15.8	−2.1

续表

	1983年	1985年	1987年
丘布特[b]	7.0	8.0	−7.3
恩特雷里奥斯	5.1	6.9	−6.0
福摩萨[b]	−8.4	−0.1	−1.6
圣路易斯	4.2	2.5	−17.9
圣克鲁斯	−6.8	17.5	−2.4
胡胡伊[b]	−15.5	10.4	−5.3
科连特斯[bc]	6.1	5.5	7.0
图库曼[b]	−10.9	1.4	7.8
圣地亚哥-德尔埃斯特罗	−9.0	3.0	−8.1
卡塔马卡	12.8	6.9	−12.7
拉里奥哈	−14.1	−9.6	−27.1

[a] 在所分析的所有选举中代表庇隆主义的政党被称为正义党。

[b] 在这些省份中，至少在所分析的一些选举统计中，有一个地方党派与庇隆主义党和激进党竞争。

[c] 在这些情况下，激进党的主要反对力量不是来自庇隆主义党，而是来自在当地获得广泛支持的省级政党。

资料来源：数据由内政部提供。

不过，如果对激进党在两次选举中赢得的选票进行分析（见表5.2），就会发现激进党在投票中的优势有所下降。我们可能会看到该党的民众支持率开始下降，五大选区中，布宜诺斯艾利斯、联邦首都区，以及圣菲这三个选区体现得尤为明显。而另一方面，除联邦首都区选区和四个省之外，庇隆主义党在全国各地都失去了选票。有的地区不止一名庇隆主义党候选人竞选同一职位，这使得处境更加艰难。此外，各省党派和某些保守派重新崛起，从分散的选票中获益。①

表5.2　在1983年和1985年的大选中，激进公民联盟和正义党[a]获得的选票百分比差异

单位：%

	激进公民联盟	正义党
主要选区		

① 右翼政党，UCEDE，增加了其在联邦首都区和布宜诺斯艾利斯的选票。

续表

	激进公民联盟	正义党
布宜诺斯艾利斯	−7.9	−13.4
联邦首都区	−7.0	1.7
科尔多瓦	−2.7	−3.5
圣菲	−6.8	6.5
门多萨	−2.0	−9.6
其他选区		
拉潘帕	3.7	−14.1
火地岛[b]	−6.1	−0.4
内格罗河[b]	0.5	
圣胡安[b]	7.8	−2.9
内乌肯[bc]	0.0	2.3
查科	2.2	−2.8
米西奥内斯	5.3	−8.7
丘布特[b]	−4.3	−5.3
恩特雷里奥斯	−1.6	−3.4
福摩萨[b]	8.2	−0.1
圣路易斯	2.5	4.2
圣克鲁斯	4.3	−20.0
胡胡伊[b]	1.3	−24.6
科连特斯[bc]	−5.9	6.0
图库曼[b]	5.2	−7.0
圣地亚哥-德尔埃斯特罗	10.5	−1.5
卡塔马卡	−3.9	2.0
拉里奥哈	1.3	−3.1

[a] 在所分析的所有选举中代表庇隆主义的政党被称为正义党。

[b] 在这些省份中，有一个地方党派与庇隆主义党和激进党竞争。

[c] 在这些情况下，激进党的主要反对力量不是来自庇隆主义党，而是来自在当地获得广泛支持的省级政党。

资料来源：数据由内政部提供。

政府认为1985年的选举结果是一场胜利，因为执政党继续控制了众议院，并加深了庇隆主义各派之间的分歧。庇隆主义党内部的对抗主要发生在两大派别之间：一方是正统派，听命于工会右翼，试图通过暴力和“指认”未来政治候选人等惯用手段来恢复对该党的控制权；另一方是革新派，试图实现庇隆主义党现代化，使其更加民主，通过成员直接无记名投票选举领导人。政府的胜利也加深了工会运动内部的分歧。

1985年选举后，实际工资下降，劳工总会面对这一显而易见的事实，开始采取系统性的对抗战略。该组织于1984年9月举行了第一次大罢工，随后又于1985年5月和8月举行了两次大罢工。1986年1—10月，又举行了四次大罢工。1986年11月，劳工总会规范化代表大会终于设立，大会任命乌巴尔迪尼为秘书长，并批准将工会结构至少划分为四大实力相当的主要派别。结果，对于工会控制权的竞争十分激烈，各大组织联盟也处于极不稳定的状态。当时，主要的工会联盟有“15工会”“25工会”“乌巴尔迪尼联盟”和“62工会”等组织。

阿根廷政坛的工会分裂并不是新现象，但其特别之处在于，主要工会团体之间的力量几乎势均力敌。这会让每个联盟都动荡不安，任何一个团体都更难占据上风。

国家重组进程期间的暴力镇压不仅清除了绝大多数中层工会官员，还清除了一大批工会领导。也就是说，它瓦解了一个工会机构，万多里斯塔在这一工会中拥有至高无上且毫无争议的地位，从而促进了后来各种工会派别的出现。与此同时，由于这一进程期间没有全国性的实际领导层，新的地方领导人得以获得相当大的影响力。最终，这种情况削弱了大型工会领导人的权力，庇隆主义党在1983年大选失败之后，还加大了对该党霸权的挑战。这次失败使“62工会”失去了对工会的控制，从此，工会各派之间的权力斗争迅速加剧。

事实上，工会右翼的失败和宪法政府发起的工会民主化进程，促进了许多内部派别的发展，为基层员工向工业部门主要工会的全国领导层发起挑战提供了有利的框架。工会内部的分裂削弱了工会领导在其所属工会内部的政治权力，并为工会之间争夺全国主导权设置了障碍。同时，这种现象迫使工会领导提出激进要求，以免他们失去对工会的控制，这逐渐降低了与政府达成妥协的可能性。

工会分裂的另一个重要原因是，1983 年 11 月选举失败后庇隆主义党产生了分裂。大多数工会的领导层划分为正统派和革新派，这种分裂导致工会运动的两派分化更加严重。工会联盟越来越不稳定，减少了任何一个行业获得霸权发展的可能性，甚至还降低了工会行动的效率。例如，由于工会最高层领导忠于庇隆主义党内各种不同的政治派别，这令工会在工会事务上的一致行动变得非常困难，所以经常难以确定一个工会属于哪个工会派别。

正统派和革新派之间对抗加剧，最高层领导人与庇隆主义党或工会运动的联系决定了同一个工会要忠于哪一派别。随着时间的推移，革新派赢得了更多席位。在 1987 年议会选举中取得成功后，他们在庇隆主义党的政治机构中占据了主导地位。然而，这种情况却没有维持太久。

1987 年 9 月进行了众议院部分席位的选举，激进党政府失败，庇隆主义党和激进党之间的权力平衡发生了重大变化。确实，选举结果表明，激进党在全国主要选区和其他省份的支持率进一步下降(见表 5.1)。除了联邦首都区和科尔多瓦之外，庇隆主义党赢得了主要选区和除四个省之外的所有省份选举的胜利，这是个非常重要的现象，因为逆转了 1983 年的选举结果。另一方面，如果我们分析激进党在历次选举中的选票变化，就可知 1987 年的结果证实了 1985 年出现的趋势：与 1983 年相比，激进党的选票大幅减少(见表 5.2 和表 5.3)。

表 5.3　1985 年和 1987 年全国众议院大选中激进公民联盟和正义党[a]获得选票的百分比差异

单位：%

	激进公民联盟	正义党
主要选区		
布宜诺斯艾利斯	−3.9	18.1
联邦首都区	−3.9	−1.3
科尔多瓦	−5.4	8.3
圣菲	−12.3	7.6
门多萨	−17.6	20.4
其他地区		
拉潘帕	−2.1	13.7
火地岛[b]	−1.6	7.2

续表

	激进公民联盟	正义党
内格罗河[b]	−15.1	
圣胡安[b]	−25.9	16.4
内乌肯[bc]	−9.7	−12.3
查科	−1.9	5.7
米西奥内斯	−8.7	9.4
丘布特[b]	−5.9	9.4
恩特雷里奥斯	−4.0	8.9
福摩萨[b]	3.9	5.4
圣路易斯	−14.6	5.8
圣克鲁斯	−0.9	19.0
胡胡伊[b]	2.5	18.2
科连特斯[bc]	−0.03	−7.4
图库曼[b]	−11.4	−17.8
圣地亚哥-德尔埃斯特罗	−6.5	4.6
卡塔马卡	−9.4	10.2
拉里奥哈	−8.2	9.2

[a] 在选举中代表庇隆主义的政党被称为正义党。

[b] 在这些省份中，至少在所分析的一些选举统计中，有一个地方党派与庇隆主义党和激进党竞争。

[c] 在这些情况下，激进党的主要反对力量不是来自庇隆主义党，而是来自在当地获得广泛支持的省级政党。

资料来源：数据由内政部提供。

激进党失去了对众议院的控制权后，不得不与各种不同的反对派别结成联盟。此外，他们还失去了全国绝大多数的省长位置，庇隆主义党重新成为主要的政治力量。

但庇隆主义党在选举中的胜利实际上是其革新派的胜利，该派别成功获得了党内大部分提名，并在政党机构内部占据了上风。然而，这一新的胜利并没有结束内部对抗。庇隆主义党右翼着眼于即将到来的 1988 年党内选举，这次选举将产生共和国的总统候选人。他们找到了一个争夺党内最高领导权的有效途径，那就是让索尔·梅内姆(Saúl Menem)参选。

1988 年初，庇隆主义党有两名总统候选人：革新派领导人兼布宜诺斯艾利斯省省长安东尼奥·卡菲耶罗(Antonio Cafiero)和全国最穷省份拉里奥哈省省长索尔·梅内姆。梅内姆是一位富有魅力的领导人，是革新派的创始人之一，不久前与卡菲耶罗闹翻。卡菲耶罗自 1987 年大选以来巩固了对政党机构的控制，而梅内姆则完全没有任何机构支持，但巨大的个人魅力便是他的最大优势。他在几乎孤身一人、没有任何组织支持的情况下，在全国最贫穷的社区和地区开始了竞选活动，并迅速赢得了大量民众的支持。他的声望越来越高，庇隆主义党内分散的团体：工会右翼和蒙特内罗斯组织(之前属于庇隆主义游击队，活跃于 20 世纪 70 年代初)意识到这是一个获得影响力的机会，纷纷支持他参选。

图 5.1　索尔·梅内姆(1989—1999 年担任阿根廷总统。图片来源：百度百科)

梅内姆不仅魅力非凡，他还宣扬了一种对民众也极具吸引力的理念，他呼吁通过收入再分配使工薪阶层获利、暂停偿还外债、保护最贫穷和最弱势的群体等。相比之下，卡菲耶罗折中的观点与阿方辛非常相似。事实上，在 1987 年 4 月军事政变未遂之后，卡菲耶罗就与激进党建立了特殊关系，他本人后来称为“治理契约”。也就是说，庇隆主义革新派从 1987 年初开始，就缓和了与政府的对立关系，并就意见不合的规则达成了一致。政府终于找到了庇隆主义党的发言人，但这一协议终结了庇隆主义党革新派的霸权。

1988 年 7 月的党内选举中，有 150 多万庇隆主义者直接投票推选梅内姆为庇隆主义党正式候选人，去竞选共和国总统。梅内姆在阿根廷贫困群体和最贫困地区积极开展运动，取得了成效。在革新派努力并成功建立了内部的民主选举制度之后，他们失去了对庇隆主义党的控制。一切似乎都表明，革新派既无法将自己与激进党明确区分开来，也无法形成能够吸引传统庇隆主义者的观点，最终成为选举的牺牲品。

这一期间，工会的四分五裂体现了劳工运动在政治上的软弱无力。正如工人阶级在推翻国家重组进程中未能发挥关键作用一样，也不能说其反对激进党政府的行为导致了政权的不稳定。诚然，各派别的衍生以及对工会控制权的激烈争夺，让政府更难找到合适的人选来处理劳工运动，但这并非代表劳工运动的组织与激进党政府之间关系破裂的主要原因，官方的经济政策才是。激进党承诺将把发展建立在根据付出和努力来进行公平分配的基础之上，但其经济管理政策很快就表明，偿还外债不仅阻碍了增长，而且还导致了收入分配倒退。商界停止投资，继续从国家补贴和投机中获利，不纳税，并把军政府时期的债务负担转嫁给社会。

激进党的承诺与他们上台后的行动之间的矛盾，以及官方对经济形势的判断与实际工资下降之间的矛盾，只能传递出模棱两可的信息，并导致该党在劳工运动中丧失公信力。在这种情况下，与工会达成协议是不可能的。然而，社会冲突可以通过制度渠道表达出来，社会对这种冲突性诉求的容忍达到了罕见的程度。这些诉求不仅体现在大罢工和停工中，也体现在 1987 年 9 月的选举结果中。

军　队

阿根廷武装部队到 1983 年 12 月已经严重分裂。马尔维纳斯群岛的军事失败加剧了已经存在于几个军种及其内部间已有的分歧，国家重组进程期间设立的反颠覆机制削弱了垂直指挥结构，激化了权力的激烈竞争，从而破坏了军种间的和谐。这一进程中经济和政治上的失败，加上马尔维纳斯群岛的军事失败，都导致了权力的瓦解。在这种情况下，尽管军方屡次尝试，但仍无法将未来宪法政府运作的条件强加给平民。

正是在这一时期，人们开始听到一句能将军队团结起来的话：保卫"反颠覆战争"中所采取的行动。为肆无忌惮地镇压国家重组进程，进而为国家恐怖主义辩解，现在成了军方内部团结的焦点。军政府因无法从各政党那里获得所需的保证，即这一进程期间所采取的行动不会受到审查，于是承认了既成事实，并于 1983 年 4 月颁布了《最终文件》(Documento Final)。这份文件为军方在这一进程期间所采取的行动进行了辩护，并隐含地承诺，如果情况需要，可能将再次以同样的方式采取行动。同年 9 月，军方试图进一步采取行动，通过颁布《全国安抚法》(Law of National Pacification)来正式实现自我赦免。

激进党在 1983 年的竞选活动中，制定了一系列与其未来军事管理有关的承诺，包括：使安全部队非军事化；将与国防工业有关的公司的管辖权从武装部队转移到国防部；制定新的《国防法》(Law of National Defense)，其核心是在发生对外冲突的情况下进行防御，并取消 20 年来主导军事战略的国家安全策略。[①] 对被控侵犯人权的武装部队成员进行司法诉讼，是激进党在竞选期间做出的又一承诺。投票获胜后，激进党的这些承诺，加上削减军事预算的承诺和要把军队置于民政当局管辖之下的提议，都令军方十分不安。

激进党执政后，却只能兑现少数选举承诺。例如，1984 年的军事预算比 1983 年减少了 39%，由于军事上的支出削减，到 1988 年为止，国防开支的绝对值没有超过 1974 年。尽管如此，阿根廷仍然是拉丁美洲国防支出最多的国家之一，国防支出占国民生产总值的 2.5%，而整个拉丁美洲的这一比例仅为 1.5%。[②] 国防工业综合体的企业确实被移交给国防部管辖，这些企业启动了私有化进程。安全部队也隶属于国防部，1988 年 5 月新的《国防法》最终获批。然而，这部法律从一开始就处于危险之中，因为它在阿方辛政府的信誉跌至谷底时引发了强烈的军事挑战。

---

① 这一理论的核心是对冲突的定义，将"国内侵略"置于优先地位，并以此作为武装部队积极干预国家政治和控制地方冲突的理由。

② Alberto Miguez, "Argentina's Defense Impasse," *International Defense Review* (December 1988).

军事院校教育改革的建议也从未真正实施过。国防部有权决定武装部队军官的晋升、退伍和纪律处分,但实际上,激进党政府一直受到政变的威胁,无力阻止军方逐步获得政治权力。起诉军方在国家重组进程期间侵犯人权的行为,正是政府和军方之间权力关系的核心所在。

起诉军方的激进政策

阿方辛总统在向全国发表的第一次讲话中坚持认为,有必要区分军人和警察镇压行为的三种不同程度的罪责。有些人负责策划和监督此类行为,有些人则越过上级命令去实施,还有一些人只是服从命令。人权组织迅速对这三种区分做出反应。仍在服役、与过去镇压行为牵连甚深的下级军官能逍遥法外,这不久前还令人无法想象,现在突然变成了可能。为了防止出现这种情况,人权组织积极推动国会成立一个两院调查委员会。但这一领域内对该问题的任何处置,势必会造成该问题迅速政治化的威胁,如果政府希望防止军事起义,就必须避免这种情况。

因此,政府立即在国会阻止了这一提案,转而成立了一个全国人员失踪委员会。该委员会由文化或政治上有声望的人士以及当选该委员会的人权组织个体成员组成。全国人员失踪委员会没有司法权力,其职权仅限于接收和核查有关人员失踪、酷刑使用和存在秘密拘留中心的报告。它将在 6 个月后提交调查结果。在这一点上,官方的政策显然是让军方自己来起诉那些被指控犯有国家恐怖主义罪行的人。

激进党政府上台后不久就颁布了两项法令,即由武装部队最高委员会对重组进程中前三届军政府成员进行即决审判,并主张对前游击队组织蒙特内罗斯和人民革命军的最高领导人采取法律行动。12 月 10 日,阿方辛向全国发表讲话,宣布向国会提交 7 项法案,其中包括保护宪法秩序和民主生活、废除军方强行制定的《全国安抚法》,以及改革《军事司法法典》(Code of Military Justice)。

第一项法案于 1984 年 8 月 10 日经两院修改后通过,该法案规定,任何人动用武力改变宪法或民主制度,以及任何可能与临时政府合作的官员,都将被判处长期徒刑。同样,该法正式废除了军方强行制定的约 15 部法律,其中包括建立死刑的法律。这项法律的通过在阿根廷史无前例,因为它规定,今后任何企图通过军事政变将自己的意志强加于人民的人都将受到制裁。

《军事司法法典》的拟议改革提案送交至国会，将审判国家重组进程期间可能发生的任何侵犯人权案件的任务交给了军方。不过，这也使得向民事司法系统上诉判决成为可能。如果一项案件待决满 6 个月，武装部队最高委员会就必须向联邦法院通报妨碍结案的原因。此时，法院可以下令移交案件并确定做出裁决的期限，或者确定一个新的期限，武装部队最高委员会必须在该期限内提交相关报告。

同时规定，"如果法院在作出判决前，注意到不合理的延误或疏忽，则无论其行为处于何种状态，法院都将承认这一过程"。最后，对于那些"没有自由决定权，仅仅听从武装部队高级官员和军政府批准和监督的计划所发出的命令或指示的人员，可以推定他们在所接收到的命令的合法性方面犯下了无法避免的错误"①。最后一句话的意图注定会成为激进党和其反对者在军事政策领域的争论焦点。事实上，它将成为政府内部——行政权与司法权之间——以及政府与军方之间争议的焦点。

寻找一种法律标准来定义军事指挥链中的责任，并在某种程度上允许免去那些奉命行事且仍在服役的下级军官的罪责，是激进党起诉军方的依据。这一政策造成了一种无法解决的两难局面，一方面是政府坚持的道德目标，即政府以道德目标为其行动准则；另一方面是政治需要，即必须找到一种方法来拉拢军队，以防止军队发动政变。根据全国人员失踪委员会的调查结果，"特遣部队"的组织方式使得各级指挥部，特别是军队指挥部，都或多或少地与反人权行为有牵连。那么，如何才能找到一种法律标准，既能为参与这些恐怖事件的人开脱，又能挽救司法系统和官方话语本身的公信力呢？正如我们下面将看到的那样，找到这样一个标准是不可能的。

1984 年前几个月，政府面临的问题是建立一种军事判例，以便区分国家重组进程中的个体责任和机构责任。但必须明确的是，主要问题是要起诉某些个人，而非谴责军事机构本身。因此，由武装部队自己来调查和惩罚罪犯尤为重要。官方的说法是，军方通过给予重组进程中的主犯惩戒性制裁来肃清自身，但这一策略陷入了悖论。军队为了自我肃清，必须在一定程度上，哪怕只是无

---

① *La Nación*, December 14, 1983.

力地承认在国家重组进程中以机构名义所采取的行动是非法的。指望军队在1984年初公开承认错误,是不切实际的。

官方政策接连失败

官方政策在国会遭到首次碰壁。1984年2月,在通过《军事司法法典》改革法案的过程中,反对派成功引入了一项条款,即"除非所涉罪行是犯下了令人发指的恶行和暴行"。该条款废除了官方对"那些没有自由决定权,只是执行命令"的人员在"所接收到的命令的合法性方面所犯下的无法避免的错误"这一规定。[①] 自那时起,各级指挥层在侵犯人权的行为方面应承担的责任问题迅速成为争议的焦点,并构成了宪政体制内潜在的不稳定因素,因为这促使军方团结起来,共同挑战民权。

《军事司法法典》改革一经宣布,民事法官面对将所有涉及武装部队和安全部队成员的案件移交至军方,并重新分配管辖权的隐含指令,立即采取了截然不同的态度。[②] 一些法官同意这一处置;还有一些则声称自己拥有管辖权。后者不仅向仍在服役或在后备役的军事人员发出传票,还下令拘留已退伍的军事人员和以前的警官。法官有时甚至会宣布《军事司法法典》改革本身违宪。所有这些行动都激起了军方的不满,据最高级军官的声明,军方明确表示不会放弃对在国家重组进程期间所犯罪行的起诉权。

1984年6月底,第一次军事危机爆发,最终导致陆军参谋长被免职。当时,武装部队最高委员会已经延长前总司令诉讼的期限,根据《军事司法法典》改革的规定,联邦法院批准再次延长至9月。9月,武装部队最高委员会向联邦法院递交了一份文件,对"反颠覆战争"期间采用的程序表示认可,这令行政部门大吃一惊。前三个军事独裁政府所颁布的法令、指示和作战命令被认为是无可争议的。法院迅速对此做出反应:立即把这些案件提交给联邦法院。

武装部队最高委员会的这一声明,以及随后将军事案件转交给民事管辖的

---

① *La Nación*,February 20,1984.

② 据估计,激进党执政期间的法官中,90%以上是在国家重组进程中任命的。然而令人啼笑皆非的是,随着民主制度的建立,司法部门对根据《民事司法法典》起诉军人以及法律面前人人平等施加了最严厉的压力。这一立场可能是由于司法部门需要彰显并行使其适当的权力配额,而民主体制的建立使之成为可能。人权组织施加的巨大压力也是实现司法独立的一个强有力的因素。

举措，导致了官方对军方战略的再次受挫。从此时起，军方不再掌控自身的肃清行动，将由民事司法机构承担起诉国家恐怖主义负责人的主要责任。在这种情况下，由于行政部门无法控制司法部门的活动，现役军官很可能会被送上法庭。政府不确定武装部队各部门是否忠诚，因此设法避免出现意想不到的可能使武装部队任何军官蒙羞的负面作用。但现在，此类负面作用随时都可能发生。

因此，1985 年前几个月的局势日益紧张，最终在 4 月份爆发了新的军事危机，一些军官被解职。自 1983 年新政府上台以来，共有 50 名将军因此被解除职务。然而，随后发生的事件表明，用解除职务的方式来进行肃清并不能解决武装部队的基本问题，也不可能彻底改变政府与军队之间普遍存在的权力关系。

军事危机发生时，正值对国家重组进程中前三个军政府总司令的公开审判。在审判的这 8 个月里，军中局势非常紧张，极端右翼分子挑起的一系列公开犯罪行为使局势更加紧张，而现役军人在许多情况下也会积极参与其中。审判期间，媒体每天都会曝光国家恐怖主义的恐怖行径，阿根廷人终于开始从一些侥幸生还的受害者口中听到完整的创伤性真相。

某些政府高级官员为了平息军队在审判期间日益高涨的不满情绪，提出了这样的可能性：也许会在某一时刻给这次审判“画上句号”。有人甚至建议实行大赦。这些建议在 1985 年 11 月 3 日的选举中变得合理起来，但即便有这些想法，行政部门还是不愿改变既定路线，而是希望联邦法院基于《军事司法法典》改革中提出的“尽职服从”进行判决。

然而，再次令政府意想不到的是，联邦法院在其裁决中表示怀疑是否真的存在过一场能为“基本价值观退化”提供理由的“战争”。虽然法院强调了颠覆威胁的严重性，但也谴责了武装部队在法律范围内为应对这一威胁所依靠的极端手段。此外，它还规定了反颠覆活动的个人责任，并要求武装部队最高委员会确定上级军官、地区和地方指挥官以及“所有负有行动责任者”的责任。该判决被上诉至最高法院，但最高法院一年后做出的判决基本相同。

正如人们所预料的那样，法院的判决加剧了武装部队的不安，引起了行政部门极大的不满，于是行政部门决定自行采取行动。1986 年 4 月，国防部向武装部队军法署署长发出了一些指示，导致与司法部门产生了冲突。相关指示要求军法署署长确保加快审判进程。下属只有在犯下令人发指的行为或暴行或有权行使自主权的情况下才能被起诉。事实上，在对总司令提起刑事诉讼时，应推定下属的行为是出于“尽职服从”。

在接下来的几个月里，一系列恐吓性犯罪事件再次加剧了军事的紧张局势。最具有象征性的或许是在阿方辛总统访问期间，第三陆军总部安放了一枚炸弹。政府和军队高层发表的一系列声明都互相矛盾，再次表明审判现役军人“画上句号”的可能性，行政部门 12 月向国会提交了一份《最后期限法》(Final Period Law)。该法案在国会经历了异常艰难的“拉锯战”后，于 12 月 23 日，即在提交议会两周后，在几乎没有修改的情况下通过。

这一法案规定，这些案件的结案期限为 30 天。其最终目标是尽可能严格地限制新案件的判决时间，从而大幅减少可能被起诉的军官人数。同样，确保未决案件的快速判决也至关重要。国会最终批准的法律将原法案中规定的终止相关案件诉讼的 30 天期限改为了 60 天。同时，法律还规定，武装部队、安全部队、警察和监狱安全部队的成员在候审期间只能被软禁或限制在军营中，并继续履行上级可能指派给他们的职责。①

因此，新法律无异于一场秘密大赦。从刑罚终止的那一刻起，无论被指控的罪行多么骇人听闻，犯下滔天罪行的人都永远不会受到审判或判刑。此外，该法还开创了给予武装部队和安全部队人员特权的先例，这违反了国家宪法第 16 条，即所有居民在法律面前一律平等。

这部法律的颁布非但没有解决之前出现的问题，反而首先引起了行政部门和司法部门间的对峙，随后又引发了人们所担心的军事起义。政府再次未能实现目标。在人权组织的压力下，各联邦法院认为最好绕过法律的正式规定，为未决案件快速画上一个“句号”。例如，科尔多瓦联邦法院取消了法院假期，并要求武装部队最高委员会将其管辖范围内的所有案件，无论延期与否，都移交给它自己。巴伊亚布兰卡(Bahia Blanca)和图库曼的联邦议院也采取了同样的行动。通过这一途径，共计 1 200 多起未决案件由武装部队最高委员会移交。1987 年 3 月，由于司法部门采取的这些行动，在《最后期限法》规定的期限届满

① 国家总统府，*Boletín oficial de la República Argentina* (Buenos Aires，1987)。

后，仍有约 400 名武装部队成员受到起诉，其中相当多的人仍在服役。

结 局

《最后期限法》的最初目标是设定起诉时限，从而尽可能减少被告人的人数，并保证那些尚未被起诉的人不受惩罚，这因此受到人权组织和司法机构的阻挠。不出所料，军方的不满情绪愈演愈烈，各种事件表明这场危机很快就会结束。例如，3 月份法庭传唤古斯塔沃·阿尔西纳(Gustavo Alsina)上尉和恩里克·莫内斯·鲁伊斯(Enrique Mones Ruiz)上尉，这在他们的同僚中引起了各种反应，现役军官们成立团结联盟并向阿根廷通讯社发表声明。这份声明不仅表明了低级军官拒绝被移交给民事管辖的决心，也表明了他们对军方高层的蔑视，他们指责这些指挥官为了自保与民政当局达成了协议。根据他们的公报，军方高层获取的结果是，他们的下属现在将为将军们自己犯下的罪行付出代价。①

《最后期限法》免除了许多参与镇压，但尚未受到起诉的高级官员的罪责。他们的起诉书已被撤回，因此可以逍遥法外，但他们的一些前下属仍可能被判刑，因为他们在《最后期限法》颁布前就在接受审判。因此，下级军官们认为存在着双重标准，这表明民政当局企图拉拢军方高层。代价是什么呢？一些当时正在执行任务的下级军官，他们的案件已经进入审判阶段，他们将成为国家重组进程中的替罪羊。

由此可见，军队的指挥系统是多么的分崩离析，政府在军事方面的战略又是多么的失败。1987 年的圣周危机是一场新的军事危机，它让这一战略亟待解决的问题迎刃而解。毫无疑问，这次危机是阿方辛政府不得不面对的所有军事危机中最严重的一次，其应对措施严重危害了官方言论的可信度和国家主要机构的合法性。

1987 年 4 月 15 日，一名在国家重组进程中涉嫌严重侵犯人权的陆军少校被传唤出庭，他拒绝出庭，并向科尔多瓦第十四空降旅寻求庇护。消息传出后，在阿尔多·里科(Aldo Rico)上校的指挥下，少数精英军官在五月集中营占据了有利位置，呼吁结束审判，撤换高级指挥官，并为所有军事人员大幅加薪。这些

---

① *Clarín*, March 10, 1987.

叛乱分子从一开始就明确表示无意推翻宪政当局，其要求主要集中在武装部队成员关心的部门事务上。这场冲突最初只有不到100名下级军官参与，最终演变成了一场三军高层指挥官都无法控制的危机。

4月16日，阿方辛总统在给国会的致辞中向全国说明了这场危机的特点：叛乱分子要求宪法政府制定法律，以确保在国家重组进程中因侵犯人权而被判刑或被起诉的人不受惩罚。考虑到当时的情况，总统表示：

> 我不会因为有人倡议或施加压力限制我们民主中不可或缺的权利和自由而让步，也不会因为有人想限制、添加附加条件或谈判所有公民在法律面前的平等权利而屈服，无论他是不是军人……这没有任何妥协的余地。尤其不会在司法机构合法自主的判决上妥协。宪法政府和阿根廷社会永不屈服……现在不是怀疑的时候。①

一旦知道这场危机的严重性，整个国家的人民都会走上街头，举行和平示威来支持民主。由于获得军方高层支持镇压叛乱分子的可能性越来越小，政府得出结论，唯一的办法就是依靠人民自己，因此政府呼吁民众积极表达对民主制度的支持。4月19日，各党派和社会各界代表组织在总统府举行会议，签署了民主承诺书。

冲突在复活节达到高潮。官方为寻求和平解决方案所做的所有努力都宣告失败，总统显然未能说服任何一支武装部队力量去镇压叛乱分子。全国各地周末举行了和平示威，支持宪政当局，反对军方的行动。在总统府外聚集的大批民众面前，总统宣布他将亲自访问五月集中营的叛乱分子，以结束冲突。他要求人们在他带回好消息之前不要离开街道。从手无寸铁的总统在劝说少数狂热分子放下武器时死亡，到平民与军队之间发生暴力对抗，局势已到了最戏剧化的地步，空气中弥漫着一种“任何事情随时都有可能发生”的感觉。

在那个戏剧性的复活节下午，总统回到总统府，向人群宣布冲突已经解决，他们可以回家快乐地庆祝复活节了。然而，他将叛乱分子委婉地称为“马尔维纳斯群岛的一些英雄”，这立即引起了人们的怀疑，认为他向叛乱分子的要求屈服了。复活节周一的黎明，这个传言震惊了全国。最高法院两天后从全国所有

---

① *La Nación*，*Clarín*，April 17，1987.

联邦法院征用了所有审判文件，并将这些诉讼程序推迟了一段不确定的时间，这证实了人们的怀疑，那就是总统确实与叛军达成了协议。几天后，行政部门向国会递交了《尽职服从法案》(Law of Due Obedience)。

总统在向全国发表讲话时，宣布他已将法案提交给国会，试图以已经达到的"公民成熟度"为由，为这一行动辩解，正如圣周事件所证明的那样。他认为人民为捍卫民主而进行的民众动员表明，阿根廷社会终于意识到了自己的力量和捍卫自身宪法权利和自由的能力；"正是在这种情况下，我们向国会提交了《尽职服从法案》"[①]。

根据该法案的第一条：

> 尽管证据相反，但可以推定的是，那些在实施[有关行为]之时，担任军官、指挥官、下级军官、军士，或武装部队、安全部队、警察和监狱保安部队的现役军官……不应因[这些]罪行而受到惩罚，原因在于他们依据"尽职服从"而采取行动。在这种情况下，这些人完全有理由被视为因受胁迫而行事，服从上级领导，遵从命令，并且没有实际能力或机会去审查、反对或抵制这些命令的适当性和合法性。

第二条规定："前一条规定的推定不适用于侵犯、诱拐、扣押未成年人或掩盖未成年事实以及勒索财物的犯罪。"[②]

因此，新法律支持无罪推定，即使有相反的证据，犯下滔天罪行和举世公认罪行的人也要视为无罪。此外，这一条款严重违反了阿根廷公民在法律面前一律平等的原则：平民必须遵守司法规定，但军事人员不受此限，即使在有相反证据的情况下，他们也享有无罪推定所带来的好处。[③] 第二条对犯罪行为进行了奇特的分类。根据第一条，在绑架、酷刑和谋杀等犯罪案件中，"尽管有相反的证据"，仍可推定为无罪，但根据第二条，情节较轻的犯罪者不受这一推定的保护，例如"勒索侵占财产罪"。这一条款意味着，强奸被挟持者、施以酷刑并随后将其杀害的人会因强奸罪而受审，却不会因使用酷刑或谋杀罪而受审。同样，绑架在囚禁中出生的婴儿并杀害了孩子的母亲，可能会因为绑架婴儿而受审，

---

① 共和国总统在向国会提交服从法案之际向全国发表的讲话，*La Nación*，May 13，1987。

② *La Nación*，May 13，1987.

③ 该法还至少违背了国家宪法的三项条款：第 16 条、第 18 条和第 31 条。

却不会因为谋杀母亲而受审。再者,“毁坏房屋并绑架和杀害屋内的人,抢走他们的财产”,可能会因为抢劫而受审,却不会因为绑架或谋杀罪而受审。

这种对正义的奇怪解释不仅严重破坏了司法系统和国家宪法的基本价值观,而且对官方言论的可信度造成了灾难性影响。政府在呼吁阿根廷人民积极动员起来捍卫宪法和法律以平息军事危机之后,在多次承诺不屈服于叛乱分子的要求并尊重法律面前人人平等的原则之后,在所有这些问题得到了公民的全力支持之后,现在又在国会强行通过了一项法律,这项法律认可军人阶级的存在,并赋予他们优于普通公民的权利和特权。宪法政府这样做,为人们怀疑民主制度的有效性埋下了种子。

但这一法律并未解决民权与军权之间的冲突。总体来说,这是军方的胜利,因为军方成员现在意识到了他们所掌握的权力有多大。他们现在再次向政府施压,要求大赦已被判刑的国家重组进程期间的前总司令和约 15 名没有被《尽职服从法案》赦免的高级军官(几乎都已退休)。此外,他们还加倍施压,要求大幅加薪。

新任总司令何塞·卡里迪(José Caridi)将军在圣周危机之后,开始撤换与这些事件有重大牵连的军官,其中 14 名将军已经退休。因此,军人的不满情绪再次占据了政治舞台的中心,1988 年年初,在里科上校的领导下,又发生了新的军事起义。不过,这次起义与圣周危机那次大不相同。4 月叛乱的两个主要诉求是释放受审军人和涨薪,这些都已得到了满足,因此新的叛乱集中在里科和卡里迪两人的个人问题上。问题的关键在于军事纪律原则,这一原则能将冲突局限在军事领域,并得到解决。与圣周期间发生的情况不同,这次是军队自己镇压了叛乱。

这场新的军事叛乱相对加强了军队高层的实际权力,但武装部队的一些基本结构问题和参谋级以下的军官倾向不服从命令的问题仍未得到解决。几个月后,也就是 1988 年年底,多名高级军官拒绝作为未被起诉的证人出庭作证,出席在尚未结案的人权案件中。这再次表明军方对司法机构的蔑视,甚至自相矛盾的是,军方的权力在宪法政府执政期间有所增长。

第六章

民主濒危

激进党政府的解体

经济形势

《春日计划》失败。1988 年 8 月初实施了《春日计划》，这项计划以政府与集中度较高的工业部门之间的明确价格协议为基础，并得到了世界银行的热烈支持。该国际组织的负责人 9 月专程来到布宜诺斯艾利斯会见了阿方辛总统，并宣布提供 10 亿美元的信贷。阿根廷 1988 年 4 月单方面暂停了支付外债利息，国际货币基金组织拒绝支持阿根廷与国际金融银行界间所达成的协议，世界银行的态度表明了对阿根廷经济工作组的大力支持。

《春日计划》的核心要点是，中央银行抛售美元以控制阿根廷货币在平行市场上的价值。从官方角度看来，这一政策可以将美元的价值维持在可接受的水平，从而避免汇率投机，也避免违反与阿根廷工业联盟达成的价格协议。为了吸引资本进入国内金融市场，阿根廷还用高利率作为政策辅助。然而，与官方预期相反的是，投机活动很快又卷土重来，甚至焕发出新的活力。

与马丁内斯·德霍斯在任期间一样，主要的投机手段包括押注正利率，同时从中央银行的美元抛售中获利。在头两个月，《春日计划》将商业外汇市场上的美元汇率冻结在 12 奥斯特拉尔，金融外汇市场上的美元汇率上限设定为 14.40 奥斯特拉尔，并推行限制性货币政策，从而引发了利率上升。在这种情况下，出口商和持有美元的大户受到诱使，纷纷抛售大部分货币，并以相应价值的奥斯特拉尔存入银行，月利率约为 11%。利率上升、通货膨胀和汇率变化之间的差额能产生每月 8%—10%的美元收益。也就是说，这一个月的收益相当于在美国或欧洲投资一年的收益。

经济工作组希望这一政策能为物价飞涨提供喘息机会，并在相对可控的经济环境下为举行总统选举争取足够的时间。[①] 出于同一目的，选举日期提前了整整两个月。这一举动非常危险，因为一旦激进党候选人落败，那么就会陷入长达 7 个月的总统空位期。而情况恰恰如此，之后阿方辛总统被迫在任期届满前下台。

货币流动能使中央银行将美元稳定在较低的价值上，因此，其能否持续存在基本上决定着《春日计划》能否持续。这项计划从 1989 年伊始就遇到了困难，这一年对政府来说是非常复杂的一年。政治运动风云变幻，让人们对未来经济计划的稳定性产生了严重怀疑。1 月，美国新政府上台，与里根政府不同的是，美国财政部的新任官员对《春日计划》的前景深表怀疑。因此，怀疑阿根廷经济计划稳固性的部门在世界银行内部占据了上风。与此同时，由于对即将到来的阿根廷大选结果不确定，导致与国际银行界的谈判也陷入完全停滞。

1989 年初，阿根廷的官方经济政策完全依赖于中央银行的储备金和世界银行 1988 年 9 月承诺的贷款。诚然，《春日计划》的实施让政府通货膨胀率降低到了个位数，但也付出了巨大的代价，即与通货膨胀时期和美元的价值相比，奥斯特拉尔的价值逐渐被高估，利率一直居高不下。结果，国内债务急剧上升（见表 6.1），金融体系中的大量短期存款威胁到了经济体系的稳定性。到 1989 年 1 月，这一数额已达 70 亿美元，显然不能再这样继续下去了。中央银行储备即将耗尽，下次大选结果越发不确定，美国政府态度有了转变，这些都制约了官方

---

① 阿道夫·卡尼特罗特(Adolfo Canitrot)公开承认了这一期望，他是继胡安·苏鲁耶之后的经济内阁成员(*La Nación*, June 16,1989)。

计划。

表 6.1　1988 年 7 月至 1989 年 7 月月利率(百分比)以及公共债务总额占国内生产总值的百分比

单位:%

	名义的		实际的		合计
	现行利率	被动利率	现行利率	被动利率	公共债务
1988 年					
7 月	24.0	22.7	0.6	−2.3	8.55
8 月	10.7	10.6	−14.7	13.3	8.58
9 月	9.2	9.1	−1.9	−2.3	9.74
10 月	9.4	9.3	1.9	0.3	9.86
11 月	10.3	10.2	4.4	4.2	10.12
12 月	12.3	12.2	3.9	5.0	10.09
1989 年					
1 月	12.4	12.1	4.0	2.9	11.08
2 月	21.3	18.9	11.3	8.5	11.69
3 月	22.0	21.7	2.8	4.0	12.45
4 月	53.7	44.5	8.7	8.3	12.99
5 月	145.0	127.8	32.5	27.6	11.89
6 月	150.0	135.1	13.1	9.6	13.07
7 月	50.5	40.1	−54.4	−53.3	8.38

资料来源:*El Cronista Comercial*(Buenos Aires,various issues,1988—1989)。

快到 1 月底的时候,美国财政部和世界银行态度转变的消息出现在了国内外的媒体上。2 月的头几天,美元继而受到了严重挤兑,因此中央银行不得不在短短 3 天内抛售 2.27 亿美元,以防止该货币在平行市场上升值。与《春日计划》的假设相悖的是,这次抛售发生在被动利率非常高的时期,当时月利率为 15.2%。[①] 这种情况促使经济官员采取了一系列措施,这实际上等于给《春日计划》判了死刑。

① 遗憾的是,从事件发生到国际组织或阿根廷组织公布数据之间有相当长的时间差。因此,我无法在本章中利用与前几章相同的统计信息来源。除非另有说明,本章的统计信息来源于 *El Cronista Comercial* (Ill Section),various issues。

中央银行在一周内抛售 5 亿多美元、储备急剧减少的情况下，竟出人意料地宣布终止美元抛售政策。这一变化给那些信任政府并在整整一周内继续用奥斯特拉尔投资的公司带来了困难。如我们稍后所见，这些公司尤其是出口公司，在货币市场上发起了反击，造成了阿根廷历史上前所未有的经济混乱。

政府还宣布将会维持两个外汇市场，用于商业运作，并建立第三个自由美元市场。由于采取了这些措施，自由美元在 2 月 3 日星期二的收盘价为 17.65 奥斯特拉尔，在 2 月 17 日达到了 26.10 奥斯特拉尔。利率也随之飙升，例如，最优惠利率从每月 18.4%的有效利率上升到了 29.1%。为了防止自由市场汇率上升，阿根廷发行了价值 62 亿奥斯特拉尔的公债来替代美元。因此，从 2 月初开始，国内债务就有可能引发危机，尽管发行了债券并普遍实行高利率，但美元挤兑仍在继续。

到 2 月底，经济工作组得出的结论是，美元挤兑是货币抛售不足造成的。面对自由市场上美元失控继而出口商品美元汇率低的情况，出口商不愿意变现货币。为了改变他们的态度，政府允许所有出口商在自由市场上清算其 20%的货币，同时保留另外两个市场，用于清算贸易业务中不同比例的货币。从本质上讲，这一举措涉及新一轮的贬值，就农产品出口而言，相对于 2 月 17 日的汇率贬值了 15.9%，相对于 1 月 31 日的汇率贬值了 21.4%，也就是发生在 2 月份头几天的大贬值之前。尽管采取了这一措施，并维持了大规模的公债投资，美元在自由市场上仍旧持续上涨。

货币贬值和美元失控开始对出口食品的价格产生影响(见表 6.2 和表 6.3)，由于价格协议不符合政府的外汇政策，阿根廷工业联合会宣布放弃这一协议。于是，商界中势力较大的阶层突然开始无情地争夺经济和政治地位，为后来所谓的“超级通货膨胀”埋下了伏笔。美元失控的恶性循环和随之而来的价格漩涡表明，主要的经济集团之间正在展开斗争以增加各自的权力配额，并决定大选后经济政策的方向。

表 6.2　1989 年 1 月至 1990 年 1 月相对价格(工业/农业)、消费者价格指数(CPI)和批发价格的逐月变化情况

	相对价格	CPI	批发价格
1988 年			

续表

	相对价格	CPI	批发价格
1月	91.0	7.6	6.9
2月	86.3	11.5	8.4
3月	80.0	17.0	18.9
4月	83.0	32.6	58.0
5月	83.0	85.2	103.7
6月	82.0	101.7	132.3
7月	110.5	198.7	238.0
8月	101.3	47.2	7.0
9月	92.7		
10月	89.3		
11月	89.7		
12月	89.8		
1990年			
1月	99.8		

资料来源：相对价格：全国非农业批发价格指数与批发农业价格指数之比（*La Nación*，March 4，1990）；CPI and Wholesale Prices：INDEC，Estadistica Mensual（Buenos Aires，various issues，1989—1990）。

表 6.3　1989年消费者价格指数每周变化情况（相对于前一个月平均值的每周变化百分比）

1月		7月	
第1周	6.1	第1周	62.6
第2周	7.6	第2周	167.8
第3周	9.0	第3周	259.4
第4周	10.0	第4周	293.9
2月		8月	
第1周	5.4	第1周	38.1
第2周	7.6	第2周	40.1
第3周	10.7	第3周	41.5
第4周	13.5	第4周	42.9

续表

3 月		9 月	
第 1 周	10.9	第 1 周	7.6
第 2 周	17.3	第 2 周	8.2
第 3 周	22.8	第 3 周	8.3
第 4 周	25.0	第 4 周	11.3
4 月		10 月	
第 1 周	13.0	第 1 周	5.2
第 2 周	22.3	第 2 周	6.4
第 3 周	32.1	第 3 周	7.3
第 4 周	48.8	第 4 周	8.4
5 月		11 月	
第 1 周	33.3	第 1 周	2.4
第 2 周	51.1	第 2 周	4.0
第 3 周	67.3	第 3 周	5.5
第 4 周	118.7	第 4 周	7.7
6 月		12 月	
第 1 周	67.4	第 1 周	6.5
第 2 周	95.7	第 2 周	21.6
第 3 周	122.7	第 3 周	47.4
第 4 周	180.3	第 4 周	未知

资料来源：*El Cronista Comercial*（Buenos Aires，various issues，1989）。

这不同于《春日计划》颁布之前工业与农业之间的对抗，但与马丁内斯・德霍斯经济管理时期的最后一个阶段发生的情况如出一辙，在总统选举前夕，商界分崩离析加剧，经济集团间的对抗成为政治舞台的主流。一边是与工农业出口业务相关的集团，另一边是那些更加依赖国内市场的集团。[①] 出口部门，尤其是大型谷物出口公司，逐渐在不稳定的政治局势中扮演了决定性的角色。

在一片混乱中，出现了一个试图将大家团结在一起的声音，这个声音来自

① 这些部门通常被称为“captains of industry”或 patria contratista。

阿根廷 8 个最大的商业协会组成的“8 工会”。这个组织由金融部门领导，特别是国际金融债权人的国内代表们。它推动建立自由外汇市场，取消对企业的补偿和补贴，降低关税保护，将公用事业费率提高至 3 倍，增加税收压力，调整工资，并为最贫困家庭提供补贴。值得注意的是，它试图让农业和工业都做出“牺牲”，同时，它满足了农业部门长期以来对自由汇率的要求，但征收其出口关税。该组织还取消了对工业的补贴和关税保护。军政府时期的两位前经济部长阿达尔贝特·克里格·瓦塞纳（Adalbert Krieger Vasena）和罗伯托·阿莱曼（Roberto Alemann）提出了这一新计划。

为了扭转美元抛售的局面，中央银行 3 月 15 日采取措施以大幅提高利率：每次发行公债后，中央银行停止发放“无法动用”的存款（即商业银行在中央银行持有的不可提取的有偿存款）。然而，与当局的预期相反，这一举措加剧了美元挤兑，当时美元的价值达到了 50 奥斯特拉尔，3 月份第 3 周的通货膨胀率达到 32%。在这种情况下，加上激进党总统候选人暗示苏鲁耶将会下台，经济部长及整个内阁都辞职了。老激进党政治家胡安·卡洛斯·普格里塞（Juan Carlos Pugliese）随后掌控了国家的经济政策方向。

普格里塞任期。新任经济部长决定诱使出口商变现货币，希望以此遏止美元抛售。为此重新启用了 2 月底前使用的计划，但这次可在自由市场上兑换的货币比例增加到了 50%，这意味着出口产品的大幅贬值：农产品出口贬值了 54%，工业品出口贬值了 42%，进口美元贬值了 75%。尽管贬值幅度很大，但美元抛售的情况仍势头未减。

普格里塞最终迫于“8 工会”和出口部门的压力，于 4 月 13 日统一了外汇市场，清算了商业和金融业务中的货币。但他保留了出口税，实际上，多重汇率制度依然存在。尽管新的措施导致了大幅贬值——截至 4 月 13 日，自 2 月 3 日以来实际贬值 150%——阿根廷创下了历史最高汇率，但出口部门对此仍不满意。政府为了缓解赤字，将公用事业费率提高了 14%，以提高税收。但这些措施未能缓解财政赤字，反而国内公债的大幅增加又加剧了财政赤字。4 月中旬开始采取的政策只会导致债务成倍增加。当月月底，有效月利率为 112%，被动自由利率为 85.9%。11 个工作日之前，有效月利率为 35%，而在 2 月份的第一周为 15%。

利率增长率与存款增长率之间存在着巨大差异，这表明金融体系正在崩溃。总统宣布会偿付公债，但仍未能扭转债券平价下跌的趋势，投资者大量提取奥斯特拉尔存款，转而购买外币。到 4 月底，自由汇率与 2 月 3 日相比贬值了 358%，中央银行的外汇储备持续减少，在该月的最后几天，外汇储备不足 5.1 亿美元。

此时，价格体系实际上已经崩溃了。销售开始以预期付款为准，或不成比例地按照 100%甚至 200%以上增加，或按照公开价格，抑或按付款时的汇率进行指数化。工业原料当时普遍短缺，导致某些生产链中断，某些情况下，还导致工厂暂时关闭。这一现象在金属和汽车行业尤为常见。此外，人口本身也呈现爆炸式增长。

大选前夕的经济形势。1989 年 5 月 14 日，也就是总统大选的当天，阿根廷的局势极为严峻。当时的经济形势具有以下特点：

(1)实际工资的购买力下降幅度比该国历史上任何时候都要大，整个经济体的平均购买力不及 1983 年 12 月的一半。

(2)金融体系濒临崩溃。利率从 4 月中旬开始飙升，不再续存奥斯特拉尔存款，中央银行拒绝发放足够数量的无法动用的存款，这些都给金融实体的准备金带来了严重问题。新增存款的增长率不足以偿付到期存款的利息，导致利率暴涨。利率短短几天就飙升到了每月 100%以上，结果是国内债务急剧增加。

(3)物资短缺、囤积居奇和商店关门(为了抗议物资或产品短缺，或是为了提高在收入争夺战中的地位)加剧了恶性通货膨胀，导致奥斯特拉尔价格体系被取消。5 月第 1 周的通货膨胀率为 17.2%，达到了阿根廷历史上的最高水平。

(4)在工业出口方面，美元汇率比前 7 年的实际平均汇率高出 75%，比《奥斯特拉尔计划》启动时的汇率高出 47%。农业部门的有效汇率也随之达到了历史最高水平：比《奥斯特拉尔计划》启动时高出 80%，而《奥斯特拉尔计划》启动时的汇率本身也是历史上最高的汇率之一。以奥斯特拉尔计算的实际出口收入是历史平均水平的两倍。总之，自年初以来，出口部门一直在对外汇市场施加系统性压力，而现在终于如愿以偿。

(5)4—5 月间，工业生产下降了 5%。自 1982 年初以来，经济周期普遍收缩,接连出现了三次衰退浪潮:第一次是1984年10月至1985年8月,第二次是1986年底至1987年底,第三次是从1989年3月开始。

(6)自阿方辛上任以来,这次是最大的财政赤字。

除了经济形势的这些爆炸性特征外,阿根廷由于无法征税和实际上已停止对外付款(自1988年4月以来未支付过外债利息),几乎陷入了破产的境地。

政治形势

工会。1987年底,通过了劳工总会的《继承法》(Patrimonial Law),该法规定国家将承担全国工会办公室的债务。1988年,国会通过了一系列法律,旨在帮助工会运动重建其在1976年失去的权力基础。1989年1月,国会通过了《集体谈判协议法案》(Collective Bargaining Agreemet Act),恢复了工会的谈判权。4月,因为《行业协会法》允许工会领导人连任,并且单一的工会体系得到了巩固,这为恢复工会领导人的权力迈出了决定性的一步。此外,《全国健康福利法》(National Health and Welfare Insurance Law)使工会运动充分恢复了庇隆主义政府最后一个时期曾用来维持经济力量的司法工具。社会福利机构的债务得到了免除,企业捐款增加了6%。

在提名梅内姆为总统候选人后,庇隆主义的正统派战胜了革新派,而后者主要支持另一位庇隆主义政党总统候选人卡菲耶罗。正统派的各个团体通过运用不同的机制,成功使《行业协会法》中放宽反对派候选人提名的条款失效。因此,在1988年7月31日至1989年5月1日间举行的40次大中型工会的选举中,只提名了一名候选人,现任官员再次当选。小型工会的情况则正好相反。

当时庇隆主义内部的工会派别结构表现出明显的两极分化。虽然没有哪个派别能凌驾于其他派别之上,但“15工会”与梅内姆之间的联系使其影响力越来越大。该派别赞同较为保守的经济议案,而其他派别或多或少地呼吁采取传统的庇隆主义经济政策。庇隆主义者在1989年5月的选举中取得胜利后,这些分歧变得越发明显。

工会主义各派从政治选举一开始,就搁置了内部分歧,投票联合反对激进党。劳工总会因为意识到了工会运动在广大中产阶级中产生的负面形象,也暂停了所有罢工,他们希望此举能避免总统选举前夕因工会内部分歧而导致选票流失。庇隆主义领导人对1983年选举的惨败仍然记忆犹新。

然而，3月份价格体系崩溃，所引发的混乱局面让工会组织者和基层民众间的关系变得异常棘手。此外，工会组织只能部分传递紧张局势和社会需求。事实上，由于自20世纪80年代中期以来实施的经济政策，阿根廷人民特别是城市人口的生活日益贫困。这种情况催生了一种新的现实状况：广大边缘化阶层被排除在社会制度框架之外，也被剥夺了获得社会福利的机会。这些社会阶层认为工会和政治领导人都不能代表他们。不过，他们是梅内姆在庇隆主义党的内部选举中的主要支持者。他们日益被社会边缘化，使社会冲突有可能失控。领导人多次表示，如果工资购买力持续下降，担心自己会被压垮。3月，社会骚乱一触即发。

军队。在5月14日选举前夕，阿根廷的政治环境表现为政府精英完全丧失公信力、民众要求不断增加、各经济集团之间为扩大权力而进行无情的争斗，以及执政党和庇隆主义党内部均出现分歧。除了经济管理上的种种变故，还不断有人揭露行政腐败问题，批评能源危机管理不善，导致人们在异常炎热的夏季遭受了前所未有的能源短缺之苦，并且军方不断施加压力，要求迅速解决被起诉的军事人员问题。

1988年12月，在布宜诺斯艾利斯的郊区马泰利别墅发生了一次新的军事叛乱，这次叛乱由卡拉平塔组织的领导人穆罕默德·阿里·塞内丁(Mohamed Ali Seineldin)上校领导，他在马尔维纳斯群岛战争中功勋卓著，因此他在军队中备受尊敬。[①] 叛乱分子要求赦免所有军事人员，包括参加过里科将军领导的1987年圣周危机和1988年1月起义的人员。他们同样强烈要求撤换总司令和大部分将军，原因是这些将领在马尔维纳斯群岛战争中的表现不佳，使他们的声誉和领导能力遭受了严重的质疑。与之前一样，这次危机的谈判条件也导致了政府权力减弱：起义者放下武器换来了承诺，即政府会考虑他们的要求，不会实施报复，以及军队总司令辞职。几天后，军队总司令辞职。

1989年1月底，阿根廷发生了一场血腥的暴乱，这场暴乱带有非常可疑的

---

① Carapintaclas(“画脸”)是军队中民族主义派别的绰号，主要成员是初级军官和士官，在1987年圣周和1988年1月煽动起义。这些军官曾在起义开始前的媒体前出现过，他们的脸用颜料伪装，因此有了这个绰号。

意识形态和政治意味。1月23日，60多名暴徒设法闯入摩步师在拉塔布拉达的总部，并控制了绝大部分军事设施。卫戍部队顽强抵抗，双方展开激战。阿根廷总统认为有必要调用其他军队特遣队来击退暴徒，经过3天血战，伤亡和失踪者不计其数，局势才最终得到控制。袭击者自称是“一切为了国家”运动的成员，并声称，他们行动的目的是引起人们对一场正在逼近的军事政变险境的关注，据称计划于1月24日发动政变。军方认为“一切为了国家”运动代表了阿根廷左翼颠覆活动的死灰复燃。更具体地说，该组织与人民革命军直接相关，在国家重组进程中被消灭前，曾是20世纪70年代最活跃的一个游击队组织。

针对这一血腥事件，武装部队和社会上的反动势力发起了超乎寻常的攻势。正如国内最有声望的人权组织负责人所言，这场暴乱的目的是“为使用非法手段辩护，进行诋毁和散布谣言”①。其重点是谴责政府和人权组织口中所谓的“共产主义渗透”。然而，拉塔布拉达事件的来龙去脉、发展方式以及发生场合都表明，“一切为了国家”运动受到了军队情报部门的渗透和煽动，或受到了双重间谍的怂恿。②

结果，这不仅增加了赦免和为国家重组进程期间所犯罪行辩护的压力，而且还迫使政府采取行动，彻底损害国会最近通过的《国防法》的权威。政府为了协调镇压行动，成立了由三军代表组成的国家安全委员会，这明显违反了《国防法》的初衷，即排除“国内安全”作为武装部队采取军事行动的依据。

接下来的几个月里，随着政治运动继续开展，各军事派别加剧了斗争来争夺更多权力。军队高层抓住一切机会提醒政府和其他政党，无论选举结果如何，“武装部队在反颠覆战争中必须得到历史的认可——为此目的，[军队]决心追求冷静、平和且客观的历史评价”③。卡拉平塔组织与庇隆主义候选人梅内姆高调结盟，并且梅内姆曾在一个场合宣称，如果他赢得大选，塞内丁上校就会成为总司令。他们坚持批评军队领导人，并要求免予起诉所有军事人员，其中当然也包括那些参与反对阿方辛政府叛乱的人。当时，有18名将军因参与国家

① Letter of Emilio Mignone to the friends of the Centro de Estudios Legales y Socialos, March 10, 1989（油印本）。

② 同上。

③ *La Nación*, May 29, 1989.

重组进程活动而被起诉，432 名军官因 1987 年 4 月以及 1988 年 1 月和 12 月的煽动叛乱活动而被起诉或判刑。

军队高层试图以某种方式制裁那些在 1987 年和 1988 年反抗军方权威的人。1989 年 6 月，选举结束之后爆发了争议，仍在狱中服刑的塞内丁上校参与了马泰利别墅起义，发表了文件，“宣布《马泰利别墅协议》(Villa Martelli Agreement)无效”，因其“从未得到陆军参谋部的批准”[1]。《马泰利别墅协议》要求卡里迪将军辞去总司令职务。他打破了 6 个月的沉默，指责塞内丁上校没有遵照协议辞职。这是第一次公开承认这项协议，并且协议规定了卡里迪和塞内丁辞职。[2] 这一争议的解决方案将由庇隆主义党的新总统决定。

图 6.1 阿根廷总统府(图片来源:百度百科)

选举结果。这场政治运动断断续续地进行着，其标志是激进党内部总统候选人爱德华多・安热洛兹(Eduardo Angeloz)与总统阿方辛之间的激烈角逐。1988 年底，民意调查显示，庇隆主义党候选人无疑是最热门的。随着选举日期的临近，加之恶性通货膨胀肆虐，他的领先优势越发明显，已然毋庸置疑。早在 3 月份，不少商界人士就已经明确表示支持庇隆主义候选人获胜。不仅政府受到了政治压力，庇隆主义党候选人也受到了压力，因为如果梅内姆真的获胜，那

---

① *Miami Herald*, June 22, 1989.

② *Financial Times*, June 23, 1989.

他就会受到来自各种经济集团的压力，这些集团一心想在他上台之后获得各种优惠。

因此，激进党政府在选举前夕发现自己不仅陷入了前所未有的经济危机，而且信誉也跌到了自1983年底执政以来的最低点。结果，庇隆主义党候选人取得了压倒性的胜利，并在众议院赢得了绝大多数席位，他的政党控制了国会两院。从计票那一刻起，阿方辛是否能留任到12月10日政府换届那一天就成了问题。各方压力迫使阿方辛提前辞职，并由梅内姆来任命内阁成员，特别是任命经济部长。

美元/物价螺旋式上升，阿根廷经历了前所未有的苦难。全国主要城市的200多家超市和无数商店遭到袭击和抢劫，造成11人死亡，近2 000人被捕。大批饥肠辘辘、走投无路的人进行抢劫，这一现象引起了全国人民对一个全新现象的关注：阿根廷人口，尤其是城市人口的急剧贫困。

民众的这次爆发活动引起了后续事件。一片混乱中，梅内姆终于在5月31日宣布了他的新任经济部长人选：米格尔·罗伊格(Miguel Roig)，他来自强大的"邦吉与伯恩"经济集团，该集团历来反对庇隆主义。[①] 这个跨国集团是工业产品和原材料的大型出口商，很大程度上控制了阿根廷工业生产的各个领域(尤其是食品、纺织品和石油化工领域)，它向梅内姆提出了一项经济计划，旨在重振经济并在所有经济部门之间达成共识。罗伊格的任命得到了最重要的谷物出口商的支持，他们承诺以贷款的方式向中央银行投资25亿美元，以防止国家彻底破产。出口部门向外汇市场施加了几个月的压力后实现了目标，其最令人瞩目的一个代表人物接管了庇隆主义政府的经济政策。

梅内姆宣布罗伊格将成为新的经济部长后，还组建了一个主要由商界人士或非庇隆主义政治家组成的内阁。最重要的是，"自由"右翼成员占据了主导地位，他们从20世纪40年代庇隆主义作为一场政治运动诞生的那一刻起就是其

---

① 从1946年到1955年，这家跨国企业集团与庇隆将军陷入了激烈的对抗。庇隆成立了阿根廷外汇促进局，目的是将出口业务"国有化"，并控制大型农产品出口公司的国内活动，这些措施遭到了邦吉与伯恩集团的顽强抵抗。随后20世纪70年代，领导该多国小组的胡安和豪尔赫·博恩被称为"蒙特内罗斯"的庇隆游击队绑架。最终向游击队组织支付了6 000万美元赎金后，才被释放。

死敌。[①] 梅内姆内阁的组成不仅让庇隆主义党深感震惊，也破坏了阿方辛在12月10日将政府移交给梅内姆的计划。几天后，阿方辛宣布辞职，并于6月30日生效。然而，他承诺将通过他的政党在国会的行动，推动立即通过未来政府可能提出的任何经济立法。因为众议院和参议院的组成要到12月10日才会发生变化，体现出庇隆主义者的霸权，所以这一举动非常重要。

然而，梅内姆的内阁任命对遏制价格上涨浪潮没有任何帮助，这与预期相反。7月的最后两周，通货膨胀打破了所有历史纪录，工农业价格剧烈波动再次成为常态(见表6.2和表6.3)。这究竟是怎么回事？为了缓冲这一形势和缓解新经济工作组实施的政策所带来的影响，集中度最高的工业部门争先恐后地提前提价。此外，价格上涨的目的是建立一个相对的价格结构，特别是有利于势力较强的工业部门。这一策略之前在《奥斯特拉尔计划》和《春日计划》中也使用过。

庇隆主义运动的现代化进程

经济形势

“邦吉与伯恩计划”：抵制霸权。梅内姆总统于1989年7月9日就职，并立即公布了他的第一批经济措施。燃料税将大幅上调：各种汽油增长600％，粗柴油和燃油等其他燃料税增长500％。公用事业费率也有类似的增长，汇率大幅贬值至1美元兑650奥斯特拉尔。在政府换届前的最后一个交易日，1美元在官方外汇市场汇率为303奥斯特拉尔，而平行市场汇率为560奥斯特拉尔。在新政府强制实施贬值后，实际汇率比1985年7月《奥斯特拉尔计划》实施后的平均水平高出13％。也就是说，从历史趋势来看，它处于较高水平。

政府还宣布维持所有出口商品的税率，降低5％的进口税，并在经济紧急状态期间暂停《工业促进法》给予的优惠。宣布的措施中包括取消对《外国投资

---

① 在阿根廷，“自由主义”指的是社会中最反动的一派，传统上与军事政变、限制民众参与和“市场经济”联系在一起。但自相矛盾的是，这一派“社会化”商业部门的外债和内债，并在过去几十年中维持和加强了庞大而复杂的国家对商业部门的补贴和津贴结构。

法》(Law of Foreign Investment)的现有限制，这意味着同等对待投资生产活动的本国资本和外国资本。另一项重要措施是国有商品和服务公司的私有化，但直接涉及国家安全和国防的公司除外。除这些措施外，还修改了中央银行的章程，推出了利率的自由决定权，并承诺不提高银行存款准备金要求。

为了将实际工资严峻的恶化程度控制在可控范围内，进而防止更多商店遭到抢劫，新政府在7月15日之前采取了两项措施。第一，每月向所有员工发放8 000奥斯特拉尔的紧急救济金。第二，在7月份的工资中，增加了一笔相当于6月份工资的存款数额，最高可达30 000奥斯特拉尔。7月份的最终薪酬增长必须与工会谈判后确定，工会被要求暂停所有施压措施。同样，新政府继续在最贫困的城市地区分发膳食和食品，以防止出现新一轮的抢劫浪潮。

与此同时，政府邀请商界制定一项为期90天的价格协议。该协议将在10天内进行谈判，其基础是企业承诺在紧急情况期间将价格维持在1988年8月的水平，并根据通货膨胀率对其进行调整。这一承诺意味着企业必须承受7月份工资调整的影响。政府同样颁布了协议制定期间某些食品的最高价格，并下令将所有产品的价格下调至7月3日的水平。最后一项措施旨在消除新政府宣誓就职前通货膨胀的影响(参见表6.2和表6.3)。

为了弥补中央银行储备的不足，政府寄希望于从主要粮食公司提供的第一期25亿美元贷款中获得收入。据罗伊格向媒体表示，邦吉与伯恩集团捐出的第一笔6亿美元的款项将于7月12日存入银行。政府希望另一大捐赠来自出口商手中清算的货币，而官方的高汇率正是为了鼓励货币清算。黄金储备将被作为抵押，产生数十亿美元的收益，这将使中央银行有能力调节市场。此外，政府还宣布将在8月份与国际货币基金组织签署一项约11亿美元的备用协议。

因此，新经济计划的制定旨在对经济进行结构改革，以消除补贴、金融和外汇投机，并将国有公司私有化。这是多年来，阿根廷最强大经济集团之一的领导首次站在政府的职位上呼吁同行们做出牺牲。也是第一次，一个跨国公司的代表控制了庇隆主义政府的经济政策，而该政府是因承诺为“最穷的人”“大幅加薪”而上台的。

官方宣布后，民众的第一反应是积极的。利率骤然下降。在前一个月，利率达到了每月200%，而在庇隆主义者上台前的最后一个工作日，利率为80%。

上述措施宣布后，月利率下降到18%，整个7月份的平均利率都是负值（见表6.1）。美元在平行市场上的汇率低于官方汇率，表明了大量货币持有者对政府的信心，但也预示着将会出现严重问题。

一周之内，价格上涨了100%—500%，虽然与阿根廷250家最大企业的代表立即展开了谈判，但情况似乎还是很快便完全失控了。这究竟是怎么回事？工商界决心捍卫他们在6月底为自己争取到的价格缓冲优势，并让消费者承担新政府上调的燃料价格和公用事业费，因此拒绝按照政府的要求将价格恢复到7月3日的水平。失控的通货膨胀反映出，一些部门对于暂停补贴和废除与国有公司签订的合同中能获取到的津贴的威胁，表示出了强烈的抵触情绪。在这种情况下，7月份最后3周的价格飙升，其涨幅超过了前几个月恶性通货膨胀的涨幅，将月度价格指数推至历史最高点。

物价的飞涨程度令政府大吃一惊。阿根廷本土的商店再次遭到抢劫，劳工总会警告说，工资政策可能会崩溃，他们坚持对任何违反协议的企业界成员进行制裁。局势一片混乱。经济部长无法控制局势，上任仅6天就去世了。尽管各方都给梅内姆总统施加压力，要求他任命己方的候选人，但他还是选择了与邦吉与伯恩集团重新结盟，任命了该公司的另一名执行官内斯特·拉帕内利(Nestor Rapanelli)就任新经济部长。拉帕内利一上任就明确表示，价格政策会满足商界要求，变得更加灵活。[①]

不久之后，政府与全国250家龙头企业签署了一项协议，政府承诺在3个月内保持汇率、公用事业费和燃料价格的稳定。政府同样会将利率保持在企业可接受的范围内。这些企业也同意不把工资上涨的成本转嫁到价格上，并承诺全面正常供应产品。工商界成功地抵制了将价格回调到7月3日的水平，现在的标准价格水平即为新协议签署时的价格水平。因此，自6月最后一周以来，特别是自7月3日以来的价格增长已永久性地转移到了消费者身上。[②] 这一变化抵消了政府之前批准的工资增长，并使目前正在进行的工资谈判复杂化。劳

---

① *La Nación*, July 7, 1989.

② 商业中心及联邦首都联合会向商务部长提交了一份关于各行业价格发展的研究报告。该报告显示，协议签署后商务部长批准的价格与商业成本的发展之间存在巨大差异，从而证明某些特定类别的价格缓冲得到了正式批准。文件中所包含的公司享有的缓冲在12%—260%之间浮动。该报告的依据是商业部自己提供的有关商业成本和核定价格的数据（*Página 12*, July 29, 1989）。

工总会并没有对此事保持沉默，抱怨“过去几个月商业部门累积的利润在我国经济史上是前所未有的”，并坚持认为该协议“使最近的价格上涨合法化了”。[1]

与此同时，为了防止出现更多抢劫的现象，政府向最贫穷的阶层发放了“团结债券”，即每人每月 20 000 奥斯特拉尔的衣食补贴。政府还成立了由市议会、劳工运动、武装部队和教会代表组成的“紧急委员会”，委托他们对全国最贫困的地区进行人口普查并分配拨款。

然而，价格协议的签署并没有让各商业集团安心。一些集团尤其反对提交给国会的《经济紧急法案》(Economic Emergency Bill)和《国有公司私有化法案》(Privatization of State Companies Bill)。他们力图对这些建议作出重大修改，让其目标实际上作废。他们施压的形式多样，包括对经济部长本人及其家人的死亡威胁。

尽管官方言辞激烈，但施压的目的还是达到了。8 月的第 1 周，《经济紧急法案》最终通过，但进行了重大修改。并不是所有工业扶持补贴都被无限期中止，而是只有 50%，且期限只有 180 天。此外，政府还承诺要通过一项特别法律，确定补偿被中止的补贴的必要程序。反过来，国有企业改革也给予了与这些国有实体企业有业务往来的公司在收购上市公司时的优先权。此外，如果能促进其出售或特许经营，那么国家可以接管这些上市公司的债务。作为唯一的国家供应商或承包商的大型企业，这一条款正是“爱国反击”集团所要求的，能够让他们受益匪浅。据估计，当时他们向国家的销售额约为每年 70 亿美元。

为了回报这一部分的胜利，价格协议得到遵守，整个 9 月和 10 月的通货膨胀率大幅下降。然而，新协议与政府一再宣称的根据努力和付出进行公平分配的理念相矛盾，它使某些商业部门获得了优惠待遇。

已签署协议中的某些条款为一些产品建立了一种“价格保险”，因此它们的价格可以根据国际价格进行调整。这种调整尤其适用于食品和石化产品类，邦吉与伯恩集团对此特别感兴趣。政府还采取了其他有利于石化工业的措施。因此，这一部门现在正享受着能源司第 105 号决议给予的特别补贴，以及对类似国内生产的农化产品增加 36%的进口关税保护。与本国产品竞争的所有其他工业产品的关税降至 15%。这些措施立即遭到了中小企业的抵制，并促使其

---

① *La Nación*, July 19, 1989.

他大型经济集团反对邦吉与伯恩集团所积累的政治权力。

整个商界都在反对邦吉与伯恩集团的领导，这一现象日益明显。商界不仅反对邦吉与伯恩集团以前享有的补贴和津贴，而且还质疑了这一集团强加的“牺牲”，他们认为这个经济集团似乎利用自己在政府中的地位，优先照顾自身的利益。邦吉与伯恩集团企图进一步加强对政府关键职位的控制，这证实了商界的质疑。

9月中旬，阿根廷政府打算向国会提交新的税制改革法案，以满足国际货币基金组织为批准阿根廷的贷款申请而提出的一个条件，但这一法案引发了公众争议。改革的内容包括将总价值税扩大到包括农产品在内的所有产品。这项税改提议引起了整个商界的抵制，就连邦吉与伯恩集团的主席豪尔赫·博恩(Jorge Born)也站出来反对，这令许多人感到惊讶。然而，尽管阻力如此之大，国际货币基金组织仍拒绝接受修改税收改革提案。随后，经济部长做出了一个令人质疑的举动，他决定直接控制税务总局。为此，他不得不改变税务总局的结构，脱离传统上财政司的管辖。这一措施使财政司没有了收税机构，在未来税制改革的实施中也没有了发言权，并导致财政司司长奥斯瓦尔多·弗里格里(Osvaldo Frigeri)于10月底辞职。①

同样在10月底，拉帕内利和他管辖下的另一名国务卿发生了冲突。经济部长和中央银行行长不顾农业和牲畜司司长费利佩·索拉(Felipe Solá)的建议，宣布暂停向国家粮食委员会提供预期购买小麦的特别担保。这一暂停意味着取消了之前给予国家粮食委员会的信贷，以便其可以确定小麦的支持价格。这项措施是一种隐性补贴，主要惠及农村。考虑到农业生产的季节性，以及个体农民的经济储备不足，国家粮食委员会在销售最集中的收获季节撤销担保，导致了谷物价格，尤其是小麦价格大幅下跌。而这项措施的主要受益者会是一些大型谷物出口商。

与此相关的一个重要问题，涉及庇隆主义者上台时粮食公司向中央银行提供的贷款。中央银行担心贷款即将到期会对货币政策产生潜在影响，而当初承

---

① 后来，经济部长成立了一个税收专家委员会来平息不满的呼声，其核心目标是提高财政收入水平。该委员会由珍贵的军政府要员组成，其中最让人熟悉的是阿达尔贝特·克里格·瓦塞纳，他是翁加尼亚将军的经济部长。该委员会的任期非常短暂，只有一个月，但可延长至最多60天。

诺的25亿美元贷款实际只借出了3.7亿美元。当贷款到期时,中央银行违背了当时对粮食出口商做出的隐性承诺,也没有在贷款期限内转给他们相应的奥斯特拉尔。相反,给了他们三种选择:收回美元;以美元续贷;或按每天不超过1%的利率提取奥斯特拉尔,且提取时间不得早于装运之日起45天。各种施压方式都失败后,大多数出口商选择了延长贷款,试图剥夺国家粮食委员会购买小麦的特别政府担保,因为这样做会使小麦价格贬值,而他们会从贬值中获益。

经济集团斗争影响下的货币政策。这个经济计划的出台几乎没有受到任何反对,也没有得到外国的资金支持。官方认为,公用事业费、燃料税以及外贸税的急剧变化能让财政进行调整,让经济重新实现货币化,从而为中央银行购买国际储备提供资金。财政部没有足够的运营盈余来应对中央银行印钱购买货币,满足金融体系的银行储备需求,以及支付国内债务的清偿和摊销。结构性货币危机一触即发,影响深远。然而,这场危机在很大程度上是由中央银行实施的某些政策所引发的。

哈维尔·冈萨雷斯·弗拉加(Javier Gonzales Frage)是梅内姆政府的第一任中央银行行长,他从任期一开始,就遭到了各个经济集团,特别是邦吉与伯恩集团与日俱增的对抗。中央银行采取的首批措施之一是暂停出口预融资,这一机制允许预期的美元流入以购买商品。然而,这种策略为出口商提供了扰乱外汇市场平衡所需的货币,已成为投机的强大武器。从本质上来说,这种补贴允许大型出口商(无论是农业还是工业)保护自己,免受从采购到国外贷款到期之间可能出现的官方汇率和平行汇率之间差异的影响。这种补贴被系统地当作一种投机机制,利用官方汇率和平行汇率差异套利,如果结束这种补贴,就意味着会遭到利益相关方的反对。① 中央银行为了限制拨款而采取的另一项措施是取消进口预期付款。从本质上来讲,这种策略是只针对工业部门的另一种财政补贴,因为工业部门历来利用这种补贴在外汇市场上进行投机。这两项措施都意味着要触怒强大的工业界。

整个7月份通货膨胀率急剧上升,导致汇率实际价值急剧下降,负利率超过50%。结果是国内公共债务大规模清偿(见表6.1),但这种情况注定持续不

---

① 根据中央银行行长本人的估计,通过出口预付资金的方式向出口部门提供的补贴每月上升到约2亿美元(*El Cronista Comercial*,November 8,1989)。

了多久。取消上述出口商和进口商的补贴不足以弥补损失，中央银行开始承担起沉重的公共债务，并为此发行了各种公共凭证：针对奥斯特拉尔的博纳克斯(Bonexes，以美元支付的国债)、可根据Bonexes调整的债券，以及尤其是"承诺"以美元支付的债券。这些问题出现在平行市场上美元升值的时候，也正是此时，官方和平行汇率之间的差异正在扩大。

10月份，官方汇率为655奥斯特拉尔兑1美元；平行汇率从开始的657到月底上升为721奥斯特拉尔兑1美元。在这种情况下，美元化债务凭证的操作产生了15%的美元利润。中央银行为了进行货币交易，专门设立了一个投资部门，更加坚定了其无限量出售美元债券的决心。因此，在汇率投机重新兴起的同时，中央银行通过发行美元化债券和直接通过投资部门提供无限量的廉价美元。随着平行美元汇率超过730奥斯特拉尔，中央银行正在出售隐含现金价值不高于680奥斯特拉尔的定期美元。据估计，这些操作造成了中央银行5亿多美元的损失。

由于这些措施，在11月初的短短两天内，汇率从1美元兑655奥斯特拉尔飙升至850奥斯特拉尔。梅内姆总统不得不亲自出面干预，下令关闭中央银行的投资部门。到了11月中旬，大量存款单到期，利率随着价格和其他变量而变化，情况一发不可收拾。这些债券是上届政府为了遏制美元升值而发行的，作为上届政府批准的国内债务再融资的一部分，中央银行没有在债务到期时进行支付。相反，它以博肯(Bocon)的名义发行其他凭证，其利率随一些不同的变量(其中包括美元本身)而变化。这些债券持有者以美元获得了200%—700%的巨额利润，他们试图通过购买美元来保护自己，而不受现金报价的影响。在这种情况下，中央银行10月底决定只允许银行持有Bocon凭证，随即引起了民间商业银行的不满。

拉帕内利的声明丝毫没有安抚外汇市场，自由美元和官方美元之间的差额从10月底到11月底由10%飙升至56%。在这种情况下，中央银行决定降低利率，从而导致美元挤兑，最终经济部长与梅内姆总统直接进行了干预，要求罢免中央银行行长。

冈萨雷斯·弗拉加11月22日在回应辞职传闻时公开表示，他无意辞职。同时，他指责那些从预融资中获益的大型出口商、与国有企业有业务往来的承包商，以及大型国内外银行和公司，因为他们急于改变经济计划，而搅乱了外汇市场。两天后，他宣布辞职。为了表达歉意，他指责邦吉与伯恩集团施加各种压力，妨碍他作为央行行长所发起的活动。他坚持认为，唯一可以采取的办法是暂停出口预融资，从那时起，由于“政府权力结构中的公司文化”，他的业务活动在经济部长的干预下越发受阻。①

美元在接近 11 月底时突破了 1 000 奥斯特拉尔的关口。经济开始失控，这不仅表现在美元/物价再次出现螺旋式上升，而且财政赤字大幅增加，这主要是由于国内债务增加，目前已超过 70 亿美元。

经济部长在 12 月初采取了两项措施，这将决定邦吉与伯恩集团在政府中的地位。首先，他宣布大幅增加农产品出口税；其次，下令延期两年支付国内债务(但利息将在到期日支付)。这两项措施引起了商界的强烈抗议，尤其激怒了农业部门和外资银行(国内债务的主要持有者)。

在这种情况下，金融系统的资金流向外汇投机，导致利率在 12 月中旬升至每月 30%。现在，经济部长辞职了，以一种动荡的方式结束了一个商业集团凌驾于其他集团之上的企图。

新经济计划：走向全面战争。埃尔曼·冈萨雷斯(Erman Gonzalez)接替了拉帕内利，他曾在梅内姆担任拉里奥哈省省长时担任经济部长。冈萨雷斯首先采取的行动是扭转两项政策，这两项政策使得反对邦吉与伯恩集团计划的呼声日益高涨。因此，他把拉帕内利在 12 月 11 日颁布的增加出口税的法令变成了一纸空文，尽管他坚持推迟两年偿付国内债务债券，但承诺如果国家账簿上有盈余，会在原定到期日偿还这些债务。他还承诺遵守定期存款和其他银行债务的到期日，并坚称不会限制资金的供应。他还宣布要建立一个单一的外汇市场，取消关于货币买卖的所有规定，并恢复预融资出口制度。他进一步承诺不干预自由浮动的期货市场，并解除对所有价格的管制。

拉帕内利任职期间，一些利益集团，尤其是大型出口商(无论是农业还是工业)感受到了威胁，而新措施又无疑会满足这些集团的利益。但这些集团坚持在外汇市场上投机。

放松市场管制直接导致了利率急剧下降和美元汇率的初步下跌。然而，利

---

① *Ambito Financiero*, November 22 and November 24, 1989.

率下降加上出口商拒绝清算货币，又引发了新一轮的美元挤兑。尽管出口商向新任经济部长承诺在3天内清算9 700万美元，以换取汇率和出口预融资方面的让步，但他们仍固执地坚持自己的投机行为。他们这样做无疑是听任了官方渠道散布的各种谣言，声称经济的美元化即将到来。

到年底，美元已经突破了1美元能兑4 000奥斯特拉尔的大关，定期存款的月利率上升到了600%。经历了漫长的外汇休息期后，政府于1990年1月1日宣布了一项不同寻常的措施：将大多数定期存款转换成以美元计价的10年期国债，称为Bonex 89s。定期债券到期时将以现金支付，金额仅为100万奥斯特拉尔（约500美元）。超过这一限额的任何金额，投资者都将获得一些新的美元化债券。

政府强制将定期存款兑换成Bonex 89s，也在这一期间减少了市场上流通的约40亿美元的奥斯特拉尔，同时国内债务也转成了外债。除了降低国内债务之外，政府采取这些措施还有其他目标，其中一个就是迫使美元持有者将美元兑换成奥斯特拉尔，另一个目标是怂恿大型经济集团清算尚未清偿的国债。制定这项措施的是两位政府官员，一位是总统顾问阿尔瓦罗·阿尔索加雷（Alvaro Alsogaray），另一位是外交部长多明戈·卡瓦罗。

新政策主要引起了大型工业企业与银行之间的激烈斗争，而这场斗争的目标恰恰是将收入转移到一个或另一个商业部门。大型工业集团希望用Bonex 89s按100%的平价偿还待付贷款，这将涉及企业负债的大量蒸发。这项措施的制定者是卡瓦罗，他制定了一份由中央银行发布的通知，宣布均以Bonex 89s支付所有商业信贷。这一提议立即引起了私人银行的反应，它们声称企业现在应该用奥斯特拉尔偿还债务，从而使企业债务翻倍。同样，作为国内债务凭证的主要持有者，银行坚持将债务兑换成Bonex89s，这将使国内债务凭证的市场价值翻倍。银行还希望以市值（750奥斯特拉尔）接收其国内债务凭证并兑换成Bonex89s，并用1 800奥斯特拉尔的平价卖给储户。它们最终可以获得大约5亿美元的收入转移。

中央银行行长面对这场激烈的争论，决定站在银行这边，并重申了银行的标准，即商界的债务应以奥斯特拉尔进行偿还。[①] 因此，银行和最强大的工业部

① *Clarín*, January 9, 1990.

门之间展开了艰苦的谈判。在第一轮谈判中，政府站在了银行这边，决定企业必须用 Bonex 89s 偿付约 20%的债务，其余部分用奥斯特拉尔偿付。与此同时，在 1989 年的最后几天，银行以天文数字般的利率发放的那些贷款，获得了政府的认可。为了补偿这些措施的影响，政府向大型经济集团提供了一个选择：可以用 Bonex 89s 平价支付任何税款。这一选择意味着，经济集团可能会以 45 美分的价格从小储户手中购买债券，并以 100 美分的价格用这些债券纳税。总之，这意味着又一笔补贴。

说到底，这些措施意味着资源从储户直接转移到了债务人手中，并加强了某些银行的权力。到 1 月底，这场斗争已经蔓延到银行业本身。强制将定期存款兑换为 Bonex 89s 的政策给金融实体带来了严重问题，其中一些金融实体因为偿还了价值不到 100 万奥斯特拉尔的大量存单，而持有过多的 Bonex 89s。反过来，持有超过缓冲所需的组合凭证的实体现在缺少 Bonex 89s。为了解决这个问题，出台了一套补偿制度，缺少 Bonexes 的实体可以购入，而持有过量 Bonexes 的实体可以出售。这一补偿基金的复杂管理再次增加了在金融机构之间大量转移收入的可能性，特别是在外国和国内机构或大型和小型机构之间。因为中央银行行长与大型私人银行在管理该基金方面存在分歧，导致中央银行行长在 1 月底辞职。接替他的是恩里克·福尔奇尼（Enrique Folcini），曾在国家重组进程期间马丁内斯·德霍斯任经济部长时担任中央银行的理事会成员。

图 6.2　阿根廷中央银行（图片来源：上观）

在庇隆主义政府上台执政仅 6 个月之际，经济计划便深陷一场危机之中，解决前景尚不明朗。政府试图让一个经济集团凌驾于其他经济集团之上，并推动旨在削减国家补贴和津贴的结构性改革，但都搁浅了。包括大型农业出口公司在内的商界各个阶层都拒绝了邦吉与伯恩集团的领导，并展开了一场激烈的斗争，以争取获得更多的收入转移。他们这样做，把经济推入了一条看似没有尽头的隧道。1990 年 1 月，工业活动下降了 50%，消费者需求下降到了 80%，制度化信贷完全消失。

在梅内姆执政期间，商界的内斗蔓延到了国家内阁。商界最强大的几家集团在内阁都有自己的代表，内阁现在变成了各方压力的传声筒。邦吉与伯恩集团的计划失败后，形势变得更加严峻。因此，庇隆主义政府在执政 7 个月后更换了 3 名经济部长和 4 名中央银行行长，也就算不上什么怪事。政府①其他部门的官员对经济政策的制定产生了直接和决定性的影响，并因支持某个经济集团而公开对抗，也不足为奇。在这种情况下，梅内姆内阁很快陷入了无政府状态。因为总统在执行对国家具有重大影响的政策时，总是自相矛盾，所以他的领导地位受到了削弱，这导致政府行政管理迅速陷入了混乱和无序的状态。

政治形势

梅内姆在选举中的胜利加强了联络部的地位，联络部是梅内姆主义工会的主要代表机构。为了在下届政府中获得更大的权力，某些部门脱离了其他联盟，加入了联络部，特别是“25 工会”和乌巴尔迪尼组织。很快就可以看出，未来的劳工部长将来自“15 工会”，也就是联络部的霸权部门。这个组织对自己的实力充满信心，发起了将乌巴尔迪尼赶出劳工总会的运动。

庇隆主义党在 5 月 14 日取得了选举胜利，此后，乌巴尔迪尼多次要求政府考虑两年前劳工总会提出的 26 条建议，梅内姆当时曾对此表示支持。该计划以传统的民族庇隆主义为基础，要求增加工资以刺激经济，暂停偿还外债，将银行存款国有化，并彻底废除自 1976 年以来实施的经济计划。在宣布了梅内姆的内阁任命后，乌巴尔迪尼警告说，劳工总会将持续密切关注工人的工资利益和社会需求。

---

① 特别是对外关系部长和总统外债问题顾问。

7 月份通货膨胀泛滥，乌巴尔迪尼一再指责商业部门是投机事件的罪魁祸首。劳工总会判断政府与商界签署的价格稳定协议只是将梅内姆内阁宣布成立以来商界积累的超常利润合法化。因此，政府把这份协议作为公平再分配的范例是不诚实的。为了把乌巴尔迪尼赶下台，发动了一场新运动。乌巴尔迪尼为了不让此事发生，便于 8 月 11 日召开了劳工总会联邦中央委员会会议。联络部随后召开了自己的代表大会。

劳工总会章程规定，只要劳工总会或代表至少 20％工会成员的组织团体认为有必要，那就可以召开临时性的全国代表大会。两次代表大会的召开预示着劳工总会即将分裂。为了防止分裂，梅内姆亲自介入这场争端，并获得了两个工会部门的同意，在 10 月的第 1 周召开了联合代表大会。然而，他的这一举动仅仅将工会分裂推迟了几天而已。通过巧妙操作，梅内姆派控制了大会代表资格审查委员会，从而能在一系列统计工作中作弊，以保证在即将召开的大会上占据多数席位。乌巴尔迪尼派谴责了这种欺诈行为，并在大会开始前几个小时退出了大会。梅内姆派选举盖里诺·安德烈奥尼(Guerino Andreoni)为劳工总会秘书长。

到 10 月初，工会的分裂已不可逆转，两个派别的力量构成也大致平衡。乌巴尔迪尼在劳工总会原来领导层的 20 名成员只剩下了 9 名，但令很多人意外的是，洛伦佐·米格尔让他手下强大的金属工人联合会转而支持乌巴尔迪尼派。显然，米格尔意识到目前实施的经济计划实际上没有给工会领导层留下任何政治活动的余地。

在接下来的几个月里，工会主义的分裂越发严重，工资下降以及国有企业私有化宣布后可能引发的大规模裁员威胁，导致众多劳工冲突不断爆发。乌巴尔迪尼派支持关闭受私有化计划影响的企业；而安德烈奥尼派则表示了反对。铁路工会的工程师和信号员 9 月要求停工 48 小时。政府宣布罢工非法，威胁要解雇不能立即返回工作岗位的工人，并通知工会可能会失去其法律实体的地位。政府的威胁没有奏效，工会冲突尤其在服务部门开始迅速蔓延。

在这种过热的气氛下，梅内姆呼吁民众举行示威活动来支持政府。米格尔具有先见之明，呼吁他的金属工人联合会参与这件事——“因为我们是庇隆主义者，而这是属于庇隆主义者的庆典。但是，就像庇隆把蒙特内罗斯赶出了这个广场一样,我们也必须要求把损害政府的非庇隆主义者赶出政府"[①]。然而,这场"庆典"却变成了政府的一次挫败,不仅参与人数远低于预期,而且梅内姆开始讲话后不久,就有相当多的人公然离席。"乌巴尔迪尼万岁!"的喊声不时打断他的演讲,两个劳工总会的支持者之间还发生了斗殴。

民众阶层贫困化加速,在这一背景下发生了工会分裂。1989 年 6 月中旬,布宜诺斯艾利斯省省长指出,目前有 160 万户家庭处于赤贫状态。[②] 在阿方辛政府行将结束的时候,许多商店遭到抢劫,在这之后庇隆主义者试图通过分发"团结债券"来控制局势,这种债券可以用来换取食物,并在贫困社区建立施食点。然而,年底通货膨胀爆发后,赤贫阶层的境况进一步恶化。官方数据显示,1990 年头几个月,全国失业和未充分就业的人数上升到近 450 万,约占从事经济活动人口的 20%。阿根廷还有许多"贫困人口",据阿根廷政府所称,有 1 000 万阿根廷人生活在贫困线以下。

这些贫苦的社会阶层依靠官方的"救济"生活:他们要么在公共施食点就餐,要么领取可以换取餐食的"团结债券"。当他们无家可归时,就在闲置的土地上安家,或者搬到城市空置的建筑物或公寓里。在布宜诺斯艾利斯,100 多万人都是这样的"落脚方式"。这些人由非官方的社区领导人组织起来,完全是自发的社区结构,政治和工会领导人在这些边缘化群体中缺乏信任感。阿根廷正逐渐出现一种全新的社会现实,这种现实完全与民主制度的福祉无关,这种现象越来越明显。

民众对政府违背竞选承诺、无力扭转经济趋势感到不满,这些不满还表现在其他方面。1989 年 11 月的第 1 周,庇隆主义党在其传统阵地图库曼省的选举中惨败。以安东尼奥·多明戈·布西(Antonio Domingo Bussi)将军为首的极右翼政党"共和国力量"在省立法机构一半席位的竞选和改革省宪法的制宪会议选举中赢得了一半以上的选票。庇隆主义党从未在图库曼的选举中失败过,如今却只赢得了 27%的选票,而在 5 月 14 日的共和国总统大选中,庇隆主义党曾赢得了 41%的选票。最为不幸的是激进公民联盟,在这次选举中的得票率从 5 月的 27%降至 6.3%。布西党的得票率几乎翻了一番,而该党 5 月份的

---

① *Clarín*, November 14, 1989.

② *Clarín*, June 18, 1989.

时候只获得了总票数的 27%。

在国家重组进程中反游击队血腥屠杀最激烈的时期，布西将军作为图库曼省省长和军事首领，因多次侵犯人权而被起诉和审判。不过，他从阿方辛政府通过的《尽职服从法》和《最后期限法》中受益。他因为在国家重组进程期间所担当的职务而被这个省的人们所铭记，不仅是因为进程期间的镇压性质，而且或许从根本上来说，是因为他在经济和社会领域推行了有效的管理和秩序。尽管布西政府残酷地镇压了颠覆分子，但它也要求该省的商界可以通过建设学校和道路以及创造就业机会来配合社区发展。自 20 世纪 80 年代初以来，该省的经济困境以及主要政党的腐败和分裂为这位军人重返政坛创造了有利条件，这一次他以新政党的领袖身份再次出现。

图 6.3　阿根廷罗萨里奥市容(图片来源：百度百科)

在 11 月底圣菲省的三个重要地区（罗萨里奥、圣菲和圣洛伦索）举行的市政选举结果中，庇隆主义党再次被证明已经丧失信誉。庇隆主义党想尽办法获得多数选票，却只在最小的且最不重要的圣洛伦索地区获得了多数票，并成功选举出了市长候选人。罗萨里奥和圣菲的选举结果与图库曼类似，由第三个当时不为人知的团体赢得了市长选举。

与此同时，军方施加的压力越来越大，要求赦免所有因侵犯人权而被起诉的军人以及那些参加反对阿方辛政府的起义的人。梅内姆一上任就明确表示了赦免这群人只是时间问题，军方的各个部门相信他的话，不断呼吁迅速了结此事。人权组织和包括庇隆主义在内的各个政党举行了3次大规模示威游行，反对赦免这些军人，并要求就这一问题进行全民公投。

庇隆主义党9月发表了一份公报来支持总统的大赦令，认为这有助于阿根廷人和解，但条件是“那些使用暴力作为政治行动或非法镇压手段的人必须向社会悔过”。庇隆主义党认为，如果那些人不忏悔，就永远不可能达成充分或彻底的和解。[①] 3天后，阿根廷天主教会排名第二的主教对总统迟迟不给予赦免表示关切，并坚持认为不应要求涉案军人事先表示忏悔。

前将军奥马尔·里维罗斯(Omar Riveros)在10月初因侵犯人权而被起诉，他在曾以联邦首都区为基地的第一陆军军团的管辖范围内侵犯了他人人权，这加速解决了赦免问题。根据陆军总司令伊西德罗·卡塞雷斯(Isidro Cáceres)将军的声明，如果里维罗斯将军“不出庭，那这就是一种叛乱行为，如果他出庭，那就不得不重新启动整个调查程序，并随后传讯他的下属军官，这将引起新的内部冲突，其后果难以预料”[②]。4天之后，还没有正式传讯卡塞雷斯之前，梅内姆宣布全面赦免，不仅适用于仍因侵犯人权而被起诉的20名军官，也适用于参加反对阿方辛政府叛乱的所有军事人员和1982年向英国宣战并参战马尔维纳斯群岛的3名军政府成员。赦免对象还扩大到了3名前游击队领导人和3名军官，他们因袭击联邦首都区中心的一家交易所而于1988年被联邦警察监禁。经审问，这些军事人员承认，他们攫取的资金是用来资助军队情报部门的活动。

共有290人从这一阶段的赦免中受益。随后宣布了第二阶段，该阶段有利于因国家重组进程而服刑的军事指挥官。在被赦免的军事人员中，有39人是1976—1983年间因侵犯人权而被起诉的高级官员，还有174人参加了反对阿方辛政府的各种叛乱活动。

人权组织宣布，他们打算在法庭上抨击赦免行为，因为给予赦免的宪法条款只适用于实际被判刑的人，而非只是被起诉的人。他们还谴责那些获得赦免的人中，有一些人在国家重组进程中“失踪”。其中两人于1983年被埋葬，构成

---

① *La Nación*, September 13, 1989.

② *La Nación*, October 6, 1989.

了联邦首都区法院对维德拉将军判刑的证据。[①]

赦免令颁布后，军事问题的焦点集中在领导了反对阿方辛政府起义的军官，尤其是塞内丁上校的去留问题上。起初，梅内姆打算提拔他为将军，但军队高层的反对促使他转而接受了塞内丁的辞呈，并提出了成立一个由塞内丁负责指挥的新特别安全机构，来打击毒品问题。11 月底，卡塞雷斯将军表示反对此举，因为这个新机构"可能会成为一个神秘的组织，危及制度稳定或干涉政府或公民的政治行动"[②]。然而，军队中这个民族主义派别，即著名的卡拉平塔组织，其在政治领域的地位是不会被轻易抹去的，这点很快便显现出来。

阿尔多・里科上校和塞内丁的一名发言人在 12 月底指责军队高层密谋了一场针对梅内姆的政变。军队指挥官在给军队的一份电报中称这些指控是不负责任的，并要求将肇事者绳之以法。[③] 这一分歧导致财政部油田公司接管人奥克塔维奥・弗里吉里奥（Octavio Frigerio）（一名商界成员）发表声明："在这种情况下，指挥系统出现了失误，这不能归咎于作证的部门。没有人服从军队高层的命令。我们正面临一个复杂而严重的不服从问题。"[④]这份声明让弗里吉里奥丢掉了工作，但这也表明商界中有一些人同情卡拉平塔组织。几天后，在国防部长伊塔洛・A. 卢德（Italo A. Luder）和陆军总司令卡塞雷斯发生口角时，梅内姆要求卢德辞职，并由一名公开同情卡拉平塔组织的庇隆主义党领导人取而代之。[⑤]

鉴于阿根廷政治和经济局势不断恶化，卡拉平塔组织的主要官员急忙在政治上大做文章，呼吁全国人民和最贫穷的民众抵制政客的腐败行为。1990 年 2 月，里科上校公开宣称："梅内姆正在脱离把他推上权力宝座的政党信条……我认为不应该动用武装部队来镇压饱受经济形势折磨的人民。我们阿根廷军人

---

① *La Nación*, October 13, 1989.

② *La Nación*, November 26, 1989.

③ *La Nación*, January 10, 1990.

④ *La Nación*, January 12, 1990.

⑤ 卢德和卡塞雷斯之间的冲突表明，内阁中普遍存在的无政府状态以及卡拉平塔组织日益增长的影响力。卢德批评了卡塞雷斯邀请梅内姆共进晚餐，却没有把他列入宾客名单中，卡塞雷斯随即宣布辞职。梅内姆立即恢复了他的职务，并解雇了卢德，让温贝托・罗梅罗（Humberto Romero）接替了他。1989 年 7 月庇隆主义者掌权，罗梅罗成为国防部的二把手。执政 1 个月后，他发现自己在任命军事负责人的问题上与卢德发生了公开冲突，因为罗梅罗将这些职位授予了在参加反对阿方辛起义后被迫退休的军官。由于这次与卢德的冲突，罗梅罗被迫辞职。

不愿被任何人用作安全网，或者甚至被用来巩固政治制度，无论这个人担任什么职务。”[①]他还重申了卡拉平塔组织对现任将军的蔑视，宣称：“这些将军名声之所以响亮，只不过就是攻打过一个行会或市议会。”[②]反过来，军队领导层要求政府废除国会最近通过的《国防法》，此后不久，政府颁布了一项法令，授权在内部动乱的情况下进行军事镇压，实际上是使《国防法》的目标无效。

庇隆主义政府上台 7 个月之后，实际上已经自断后路了。内阁已成为几家强大经济集团间的战场，而他们所施加的压力促成了一些官方政策。庇隆主义运动成功熬过了因险些被政府驱逐而引发的初期动荡，反而大量吸纳了“自由党”人士。庇隆主义者公开攻击梅内姆，发起内部对抗，意图“纠正”官方政策[③]，对政府腐败的谴责成了常态。[④] 迫于压力，政府分崩离析，沦为个人和派别之间的自杀式斗争。这种派别纷争是在经济日益困难的背景下出现的，新一轮的抢劫似乎马上就要爆发。布西将军郑重警告，“部分饥肠辘辘的阶层发出怒吼声，可能会引发社会爆炸”，民主进程可能随之中断，这预示着未来形势将极为复杂。[⑤]

结　论

正如第四章所述，国家重组进程期间，外债的急剧增长将阿根廷经济困难的重心从贸易平衡转移到了国际收支平衡。此外，随着外债的大部分负担最终落在国家身上，财政账户越来越依赖于外国账户，财政赤字成为一个无法控制的变量。其中的后果包括经济逐渐美元化，随之而来的是汇率投机增加和资本外逃，这些现象使国内利率长期处于衰退和金融投机的水平。所有这些现象的叠加导致了国家分配补贴的游戏规则发生了巨大变化。

从 1988 年第三季度开始，因为阿根廷的储备金不足以在偿还外债的同时

① The daily, *Las Americas*, February 9, 1990.

② *La Nación*, *Clarín*, January 25, 1990.

③ 卡菲耶罗领导的改革派与激进派结盟，以缩短梅内姆的执政时间、改革宪法并任命总理。梅内姆也陷入了内部斗争。

④ 鉴于所涉及的丑闻，其中一项谴责值得一提。2 月，众议院议员指责社会行动部长通过出售团结债券来谋取私利。这一指控后来得到证实，内阁成员甚至众议院议员纷纷辞职。

⑤ *La Nación*, February 11, 1990.

控制财政赤字和相关内债，所以停止了支付外债利息。尽管如此，上述现象还是变得更加尖锐。这种事实上的暂停偿付，再加上外国信贷的全面瘫痪，助长了外汇市场上的投机活动。与此同时，黑市上的汇率价值与利率增长之间的反常关系导致国内债务急剧上升。国内债务的增加很快成为引发阿根廷经济危机的导火索。1989 年底，国内债务的很大一部分转为外债，这凸显了这两种现象实为同一事件的不同后果。

本章所分析的这一时期表明，由于经济运行方面出现了新的情况，国内最强大的经济集团间为争夺收入而展开的斗争愈演愈烈。虽然激进党政府的特点是对集中度较高的工业部门做出承诺，这一承诺起初是含蓄的，后来变得明确，但各生产部门之间的对抗加剧了。主要货币持有者，尤其是出口部门的货币持有者，在这种不稳定的局势中发挥了关键的作用。

另一方面，与出口业务相关的一个强大的经济集团试图向所有其他企业界强加一项具有霸权性质的经济计划，而庇隆主义政府上台便是这一结果，工业重组和改变补贴分配的游戏规则成为这场争执的焦点。这一经济计划之所以昙花一现，不仅是因为强大的私人利益集团认为自己受到了攻击，而且是因为这一经济集团对权力的野心肆无忌惮。阿根廷精英阶层再次表明，他们没有能力在利益和解的基础上组建一个霸权领导层。虽然邦吉与伯恩集团计划的实施得到了大型出口公司的明确支持，但又很快失去了支持，汇率投机再次成为常态。

与激进党政府时期的情况不同，庇隆主义政府从一开始就因内阁内部的斗争动摇了商界各个阶层。随着邦吉与伯恩集团霸权的瓦解，这场斗争愈演愈烈，内阁陷入无政府状态。迫使收入从一个部门转向另一个部门的斗争在日常交易中占据了主导地位，而由于不断出现的通胀失控，经济最终走向了崩溃。

我试图表明，激进党政府第二阶段的特点是违背竞选承诺，政府的公信力日益丧失。然而，民众落空的期望每次都是在体系的制度渠道限制下表达出来的，这种情况不可能永远持续下去。上述结构性现象的另一个后果是，中产阶级和城市贫困阶层的人口迅速贫困化，逐渐出现了一种新的社会现实：广大城市阶层在消费型社会和民主制度的优势中被遗忘。

激进党政府执政的最后几天，在失控的通货膨胀和饥饿的驱使下，这些社会阶层通过抢劫商店寻找食物的方式闯入了政治舞台。然而，也正是他们，为庇隆主义者在选举中的胜利做出了决定性的贡献。一年前，他们在庇隆主义党的内部选举中提名梅内姆为共和国总统候选人，这辜负了大多数庇隆主义党领导人的期望。竞选期间，梅内姆承诺的主要对象一直是这些社会阶层。然而，当他上台后，他曾承诺的为“穷人中的最穷者”“大幅加薪”，并在此基础上开展一场生产革命，最终却被其他经济计划所取代，导致了经济完全失控。此外，梅内姆的经济工作组最终落入了庇隆主义的传统政敌之手。竞选时许下的就业、根据努力来进行公平分配和社会公正的承诺再次落空，突然之间，庇隆主义者广泛推选的政府不再能够代表他们。

同样，正如激进党政府时期那样，庇隆主义政府无力遏制军方的要求，只能在执政 5 个月后实行大赦，这次包括武力反对激进党政府的人。民选政府再次违宪，为公民在法律面前的不平等开创了又一个先例。经历了 6 年的民主生活之后，制度的合法性似乎再次受到了威胁。因此，通货膨胀失控、中产阶级迅速贫困化、城市边缘化人群增加、中小型企业遭到破坏、军队内部矛盾尖锐化等情况的再次发生，导致 1945 年的恐怖局面再现，也就不足为奇了。